Uwe Wolff

Vom Lächeln der Engel

HERDER spektrum

Band 6062

Das Buch

Selbst Menschen, denen es schwerfällt, an Gott zu glauben, hoffen auf himmlische Wegbegleiter. Die Gewissheit, dass es diese Begleiter gibt, drückt sich nicht nur in Dichtung und bildender Kunst aus, sondern auch in gelebten Erfahrungen der meisten Menschen. Ein jüdisches Sprichwort lautet: »Einen Engel erkennt man erst, wenn er vorübergegangen ist.« Uwe Wolff hilft, dem Engel im eigenen Lebenslauf auf die Spur zu kommen.

Der Autor

Uwe Wolff, geboren 1955, studierte Philosophie, Pädagogik, Germanistik und Theologie. Der Studiendirektor und Publizist lebt in Bad Salzdetfurth und wurde mit dem Thomas-Mann-Förderpreis ausgezeichnet. Er ist Autor zahlreicher Veröffentlichungen über Engel.

Uwe Wolff

Vom Lächeln der Engel

Beflügelnde Erfahrungen mit himmlischen Freunden

HERDER

FREIBURG · BASEL · WIEN

Für Undine von der Lamme

»Das Mädchen ist schon immer für
dich bestimmt gewesen.«

Tobit 6,18

»Wir sind Engel mit nur einem Flügel.
Um fliegen zu können, müssen wir uns umarmen.«

(Luciano de Crescenzo)

Originalausgabe

www.herder.de

Umschlagkonzeption und -gestaltung:
R·M·E Eschlbeck/Botzenhardt/Kreuzer
Umschlagmotiv: © The Bridgeman Art Library

Layoutkonzept: tiff.any GmbH, Berlin
Satz: tiff.any GmbH, Berlin
Herstellung: fgb · freiburger graphische betriebe
www.fgb.de

Gesetzt aus der Linotype Janson Text Standard
Gedruckt auf umweltfreundlichem, chlorfrei gebleichtem Papier
Printed in Germany

ISBN 978-3-451-06062-5

Inhalt

Einstimmung: Vom Lächeln der Engel

Ein Engel aus Zimt bewacht deine Wiege,
den Kopf zur Sonne, die Füße zum Mond.
Und schläft mein Kind, behütet es ein Engel
und wachet über seinen Schlaf wie die eigene Mutter.

Spanisches Wiegenlied

Martina ist eine Powerfrau. Als Leiterin der Kulturredaktion einer Zeitung muss sie auch über das spirituelle Leben in ihrer Stadt berichten. Sie selbst war nie Mitglied einer Kirche. In Gesprächen kommt sie schnell auf den Punkt und lässt sich von niemandem etwas vormachen. »Mit Gott und Glauben kann ich nichts anfangen«, sagte Martina noch vor einem Jahr. Doch dann kam plötzlich alles anders. Als sie zum ersten Mal Mutter wurde, begann sie über Schutzengel nachzudenken. »Nicht, dass ich fromm werden will. Aber die Vorstellung, dass ein Engel mein Kind durch sein Leben begleitet, gefällt mir!« So fragte sie mich: »Wie bekommt man eigentlich einen Schutzengel? Muss man da Mitglied einer Kirche sein?« Bei Martina weiß man nie, ob sie provozieren will.

Ich überlegte nicht lange, sondern nahm ihre Frage ernst und sagte: »Früher glaubten die Menschen, dass der Schutzengel erst durch die Taufe zum Kind kommt. Deshalb wurden Kinder direkt nach der Geburt oder wenige Tage später getauft.«

Martinas Sohn heißt Laurenz. Warum sie sich für diesen Namen entschieden hat, weiß ich nicht. Gewiss aber hatte sie nicht an Laurentius, den Schutzheiligen der Thermalbäder, gedacht.

»Kannst du Lauri taufen, damit er auch einen Schutzengel hat?«, fragte Martina.

»Nein, das darf ich nicht«, erwiderte ich. »Taufen dürfen nur Priester und Pfarrerinnen.«

»Aber du kannst ein Engelgebet sprechen!«

Ja, das konnte ich, tat es auch und segnete Mutter und Kind.

Das kleine Ritual fand in Martinas Wohnung statt. Sie hatte dazu einige Freunde eingeladen. Bevor das Antipasti-Buffet eröffnet wurde, sollte ich ein paar Worte über Engel sprechen. Ich sagte etwa Folgendes: Engel sind Boten der Liebe. Sie fliegen mitten ins Leben hinein. Nicht immer angemeldet, nicht immer gelegen, denn Engel sind pulsierendes Leben. Deshalb sind sie frei. Sie gehören keiner Kirche an und brauchen keine Vermittlung durch Priester, um auf Erden zu erscheinen.

Alle Religionen, von China bis in den brasilianischen Urwald, sprechen vom Geheimnis der Engel. Der Schamane trägt ihr Flügelkleid. Die großen Dichtungen der Menschheit besingen ihre Gegenwart. Die Kunst setzt sie tausendfach ins Bild. Wer aber sind sie? Sind Engel Person oder Personifikation? Sind Engel Boten Gottes oder Symbole für das Gute im Menschen? Sind sie Chiffren für beflügelnde Momente? Kommen sie von außen oder von innen zu den Menschen? Engel haben zwei Flügel – mit dem einen berühren sie den Himmel, mit dem anderen die Erde. So verbinden sie Innen- und Außenwelt, Sinne und Seele zu einer Einheit und sind damit ein kleines Stück Himmel auf Erden.

Martina hört meinen Worten immer gerne zu. Das Sticheln kann sie dennoch nicht lassen. »Warum bist du eigentlich nicht

Pastor geworden?«, sagte sie, nachdem ich meine kleine Ansprache beendet hatte. Sie erwartete keine Antwort, sondern umarmte mich und eröffnete das Buffet.

Wenn ich mich jetzt zur Niederschrift dieses kleinen Engelbuches einstimme, so werde ich wieder von dieser höheren Schwingung ergriffen, die ich mit Engeln verbinde. Ich wünsche mir, dass der Funke der Inspiration überspringt, denn jeder Mensch hat einen unsichtbaren Freund. In allen Stürmen des Lebens breitet er die Flügel über der Seele seines Schützlings aus. Niemand kennt ihn besser als er selbst. Wo alle anderen einen Menschen nur nach Äußerlichkeiten beurteilen, bewundern oder belächeln, da fragt der Schutzengel: Wie sieht es weiter drinnen aus? Er kennt das Geheimnis des Lebens und hütet das göttliche Kind in jedem Menschen.

Engelerfahrungen sind so geheimnisvoll wie die Liebe. Du wirst gefragt: Warum liebst du diesen Menschen? Was hat er, was ich nicht habe? Deine Antwort ist ein stilles Lächeln, denn du weißt: Wahre Liebe kennt kein Warum. Ihr Geheimnis lässt sich nicht ergründen. Du wirst gefragt: Woher weißt du, dass er der richtige Partner ist? Deine Antwort ist das Leuchten deiner Augen. Du weißt es eben, weil tausend Schmetterlinge in deinem Bauch herumfliegen. Wie kann ein kaltes Herz ein Wort von Feuer erfassen?

Vor zwanzig Jahren veröffentlichte ich die ersten Artikel über Engel. Dann folgten viele Bücher, Vorträge und Engelseminare. Im Rückblick wird mir deutlich, was mich schon immer an den himmlischen Boten der Liebe fasziniert hat: Es sind die großen Fragen der Lebensdeutung, Lebensführung und rechten Lebensfreude. Engel sind die himmlischen Spuren in der Biografie eines Menschen. Wer sich mit Engeln beschäftigt, sucht nach einer Deutung der vielfältigen Ereignisse im Lebenslauf.

Sie sind das Urbild reiner und uneigennütziger Liebe und zeigen uns einen Weg der rechten Lebensführung durch die Heiligung des Alltags. Engel leben voller Dankbarkeit. Ihre Lebensfreude verströmt Heiterkeit und Gelassenheit.

Nie war die Hilfe der Engel nötiger als in unseren Tagen, denn wir leben in einer unruhigen Zeit. Gewaltige religiöse, geistige, politische, ökologische und wirtschaftliche Umbrüche haben uns ergriffen. Die Erde häutet sich wie eine Schlange. Neues will geboren werden – deshalb sind die Engel wiedergekommen.

Leben ist Wandlung.
Wer aber bin ich?
Von den vielen, die ich bin, kann ich manchmal keinen finden.
Und bin ich nicht auch für jeden,
der mich ein Stück Weges begleitet,
ein anderer?
Was wissen Mitarbeiter, Lehrer, Nachbarn, Partner,
Geschwister, Mütter, Väter oder
die eigenen Kinder und Enkelkinder von mir?
Sie alle kennen nur einen Ausschnitt meiner Seele,
keiner sieht die ganze Wahrheit.
Leben ist Wandlung.
Einer aber kennt den Weg im Labyrinth des Lebens.
Einer kennt dich und mich,
wie wir wirklich sind.
Siehe, da steht dein Engel und lächelt dir zu!

Haus Sonnenschein, Uwe Wolff

1. Geheimnisvolle Biografie: Den eigenen Erfahrungen vertrauen

Ihr Ungeübten, die in den Nächten
nicht lernen.
Viele Engel sind euch gegeben.
Aber ihr seht sie nicht.

Nelly Sachs

Der rote Faden im Lebenslauf

»Ich lese so gerne Geschichten von der Begegnung mit Engeln!«, sagt Joana. Ihre Augen leuchten. Dann aber senkt sie ihren Blick. Ihre Stimmung verändert sich. »Aber warum habe ich noch keine Engelerfahrung gemacht?« Es ist eigentlich keine Frage, sondern eine leise Klage.

Felicitas hat mehrere Engelseminare besucht, weil sie lernen wollte, wie sie mit ihrem Schutzengel in Kontakt treten kann. Ein Seminar fand auf der Schweibenalp im Berner Oberland statt. Draußen auf der Wiese, hoch über dem Brienzer See, hat Felicitas mit den anderen Seminarteilnehmerinnen Engelreigen getanzt. »Ich fühlte mich unendlich glücklich, beschwingt und inspiriert. Ich war im Einklang mit allem, was lebt«, erinnert sie sich. Im strahlenden Sonnenschein lagen die berühmten Berge »Mönch«, »Eiger« und »Jungfrau«. Die Vögel sangen, das Gras duftete, und ein lieber Mensch hielt ihre Hand voller Zärtlichkeit und ohne Begehren. Felicitas war erfüllt von guten Schwingungen. Regula und Vreni, die Leiterinnen des

Seminars, haben Felicitas sogar den Namen ihres Schutzengels mitteilen können. »Dein Schutzengel ist der Engel der himmlischen Musik. Er schenkt Wohlklang in menschlichen Beziehungen und Lebensglück«, sagten die beiden Schweizerinnen. Zu Hause im westfälischen Dülmen hielt die beschwingte Stimmung eine Woche an. Dann legte sich der Berufsalltag wie Blei auf die Flügel von Felicitas' Seele. Sie vergaß die himmlischen Momente im Seminar. Sie vergaß den Namen ihres Engels. Sie vergaß sich selbst.

Engel schenken himmlische Inspirationen. Kein Leben ist ohne diese glücklichen und beschwingten Momente möglich. Jeder Mensch hat irgendwann in seinem Leben eine Engelerfahrung gemacht. Aber nicht jeder erkennt seinen Engel oder würde es als Engelerfahrung beschreiben, wenn es geschieht. Das ist Joanas Problem. Andere verbinden mit dem Engel eine wunderbare Erfahrung, die sich im Alltag leider rasch verflüchtigt. Das ist Felicitas' Problem.

Wie ist das möglich? Kann man denn einen Engel übersehen? Kann man eine Engelerfahrung vergessen? Ja: Engel werden oft nicht erkannt, und wunderbare Momente der Inspiration werden im Alltag schnell wieder vergessen, denn viele Menschen denken, ein Engel muss immer als leuchtende Lichtgestalt erscheinen. Doch warum schreiben wir unseren Engeln vor, dass sie wirklich so erscheinen müssen, wie sie auf Postkarten und Gemälden dargestellt werden? Warum müssen sie immer einen Heiligenschein auf den blonden Locken tragen, lieblich lächeln und in ein weißes Gewand mit goldener Borte gekleidet sein? Warum müssen sie so aussehen wie die Engel in der Werbung: Männer mit falschen weißen Flügeln aus Gänsefedern und echtem Waschbrettbauch, coole Typen in engen Jeans oder verführerisch lächelnde Kindfrauen, die für Low-Fat-Produkte oder Dessous werben?

Der berühmteste Engel heißt Gabriel. Juden, Christen und Muslime kennen ihn. In der christlichen Weihnachtsgeschichte kommt er zu Maria und verkündigt die Geburt Jesu. Wer einmal den Bericht in der Bibel nachliest, stellt mit Erstaunen fest: Wir erfahren nichts über Gabriels äußere Gestalt. Dennoch haben unendlich viele Maler diese berühmte Szene dargestellt. Woher wissen sie, wie Gabriel ausgesehen hat? Ganz einfach: Sie haben sich von der Bibel inspirieren lassen. Wenn uns etwas innerlich berührt, dann entsteht ein Bild. Bilder beflügeln die Seele. Sie können aber auch unsere Wahrnehmung trüben. Die großen Maler haben unterschiedliche Bilder von Gabriel gemalt. So bleibt seine wahre Gestalt im Fluss.

Wer dem Engel in seinem eigenen Leben auf die Spur kommen will, kann sich zuerst einmal fragen: Welches Bild von einem Engel habe ich? Sieht er aus wie mein Traummann oder meine Traumfrau? Vielleicht hast du eine ganz bestimmte Vorstellung von der Kleidung, dem Haarschnitt, dem Duft deines Engels. Der Engel soll deine Sehnsüchte erfüllen, die Zauberworte sprechen, die dein Herz berühren, dich auf Händen tragen. Wie oft sind wir Gefangene unserer eigenen Fantasie! Wir haben bestimmte Bilder in uns, die unsere Erwartungen prägen. Manchmal ist unsere Seele wie ein großes Museum voller Bilder. Ihre Fülle erschlägt dich. Du weißt nicht mehr, wo du hinschauen sollst. Kein Bild lädt mehr zum Verweilen ein. Dann tritt vor die Tür und stelle dich neuen Erfahrungen, denn der Engel, der in dein Leben eintreten will, sieht vielleicht ganz anders aus, als du es dir vorgestellt hast. Er ist nicht der tolle Typ aus der Werbung. Er befriedigt nicht deine romantischen Fantasien. Vielleicht will er mit dir eine Familie gründen, ein Haus bauen und einen Baum pflanzen, vielleicht aber auch nicht. Vielleicht will er dir etwas schenken, das du dir bisher nicht hast träumen lassen, dich einen Weg führen, den du alleine niemals gegangen wärst. Inspirationen können gefährlich werden. Vielleicht nimmt dein Engel dich an die Hand, und du verlässt Familie und Beruf.

Engel sind Wegbegleiter in ein neues Leben. Aus vertrauten Strukturen aufzubrechen kann aber Angst machen. Joana behauptet, sie habe noch nie einen Engel erfahren. Im Gespräch mit ihr wird schnell deutlich: Das stimmt so nicht unbedingt, der Engel hat nur nicht ihren Erwartungen entsprochen. Auch Felicitas erkennt, dass die Inspiration sie keineswegs verlassen hat. Sie hatte gespürt, dass sie ihr altes Leben ändern kann und muss. Genau davor aber hat sie Angst. Deshalb verdrängt sie die Erfahrung beim Engelseminar. Sie spürt aber genau: Tief in ihrer Seele ruht das Bild eines beschwingten, glücklichen und inspirierten Lebens und will Gestalt im Alltag annehmen.

Ein jüdisches Sprichwort lautet: »Einen Engel erkennt man erst, wenn er vorübergegangen ist.« Dieses Wort ist ein Türöffner für manche Begegnungen und Erfahrungen im Lauf unseres Lebens, denn erst im Rückblick erkennen wir, was uns geprägt hat. Eine kleine Übung kann helfen, dem Engel im eigenen Leben auf die Spur zu kommen:
Erinnere dich. Nimm dir Zeit. Mach es dir gemütlich. Entspanne dich. Lege vor dich ein großes Blatt Papier und ziehe mit dem Lineal einen langen waagerechten Strich. Dieser Strich steht für deine Lebenslinie. Schreibe an ihr Ende dein jetziges Alter. An den Anfang setzt du das Datum deiner Geburt und dein Sternzeichen. Wenn du wichtige Ereignisse aus der Zeit vor deiner Geburt kennst, dann kannst du die Lebenslinie auch über deinen Geburtstag hinaus verlängern, denn das Leben beginnt ja nicht erst mit dem Zeitpunkt der Geburt. Wir sind neun Monate älter als wir denken. In vielen Fotoalben, die Eltern für ihr Kind anlegen, ist das erste Foto eine Ultraschallaufnahme. Daher gibt es Menschen wie den Dichter

August Strindberg, die den Tag der Zeugung als ihren Geburtstag feiern.
Erlebnisse im Mutterleib haben uns genauso geprägt wie Ereignisse im Leben nach der Geburt. Falls du noch ältere Familienmitglieder hast, kannst du sie einmal nach der Zeit befragen, als deine Mutter mit dir schwanger war. Vielleicht hat sie darüber ein Tagebuch geführt. Dein Engel hat dich schon damals begleitet. Wenn du seine Spuren in deinem Lebenslauf entdecken willst, dann erinnere dich zurück, so weit wie es dir möglich ist. Für jedes Lebensjahr zeichne einen weiteren Strich. Jetzt liegt vor dir deine Lebenslinie. Wie weit kannst du dich zurückerinnern? Bis ins dritte Lebensjahr? Bis zum Zeitpunkt der Geburt? Noch tiefer und weiter zurück? Schreibe deine Erinnerungen auf die Lebenslinie. Notiere die Gefühle, die dich jetzt ergreifen.

Der Schutzengel in dir:
Er sprach das rechte Wort zur richtigen Zeit,
er stand dir zur Seite,
als du Hilfe brauchtest,
er hat dich auf Händen getragen,
und unter seinen Flügeln fandest du Zuflucht.
Suche seine Spuren in deinem Lebenslauf!

Das Leben fließt nicht gleichmäßig dahin. Die Lebenslinie durchläuft Höhen und Tiefen. Manchmal wird sie durchbrochen. Das sind die Momente, in denen Entscheidendes passiert ist, in denen der Sinn deines Lebens aufleuchtete: Wendepunkte des Lebens, Übergänge, Stunden, Tage und Wochen freudigen oder schmerzhaften Wachsens; ein Unfall oder eine Krankheit, eine Trennung, eine durchwachte Nacht, der Tod eines geliebten Menschen, die Rettung aus Gefahren, der überlebte Absturz.

Wendepunkte sind Schlüsselerfahrungen

Engelerfahrungen sind immer mit Wendepunkten im Leben verknüpft. Das sind Momente, in denen es nicht mehr einfach so weitergeht wie bisher. Wir müssen innehalten und uns neu besinnen. Wendepunkte können sein:

Die Geburt eines Kindes,
der Tag, an dem das letzte Kind das Elternhaus verlässt und in eine eigene Wohnung zieht,
der Tod der Mutter oder des Vaters,
eine Scheidung,
nach langen Jahren endlich wieder einmal Schmetterlinge im Bauch zu haben und vor Liebe weder essen noch schlafen zu können,
die Erfahrung der Grenze unserer körperlichen oder seelischen Kraft,
die Heilung von körperlichen oder seelischen Leiden,
die Annahme des Unheilbaren an Seele und Körper,
eine Entscheidungshilfe für den nächsten Lebensschritt,
der gute Rat einer Freundin,
die Suche nach Selbsterkenntnis,
die Annahme des Schattens,
die Entdeckung verborgener Talente,
die Freisetzung von Kreativität und schöpferische Entfaltung,
die Entdeckung des »roten Fadens« im eigenen Leben,
das Finden der Antwort auf die Frage: Wozu bin ich auf der Welt?

Wendepunkte sind die Momente im Leben, die uns geprägt haben. In ihnen wurden wir zu dem, was wir sind. Wendepunkte sind Augenblicke höchster Erfahrungsdichte: Wir müssen umkehren, gewinnen eine neue Perspektive. Es sind auch heilige Momente: Wir halten für einen Augenblick lang inne. Es ist, als würde die messbare Zeit für einen Sekundenbruchteil angehalten. Die Uhr scheint stillzustehen, und eine andere Zeitrechnung leuchtet blitzartig auf. In dieser »angehaltenen Zeit« öffnet sich eine Tiefendimension des Lebens. Wir »blicken durch«, erkennen in einem kurzen Aufleuchten das, worauf es wirklich ankommt: Wir werden »erleuchtet«. Im Licht der Selbsterkenntnis erkennen wir auch unseren Engel.

Wer aber hat dich in den Wendepunkten deines Lebens begleitet? Eltern, Geschwister, Freunde – gewiss, aber auch dein Engel. Erinnere dich: Wie sah er aus? Wie fühltest du dich? Wie lautete seine Botschaft?

Wendepunkte sind Schlüsselerlebnisse. Wenn wir sie bewusst wahrnehmen, dann schenken sie uns den Schlüssel, der die Tür zu unserem Herz öffnet.

Darf ich mich selbst wichtig nehmen?

Es gibt Menschen, die kreisen nur um sich selbst. Sie achten auf jedes Wehwehchen. Bei jeder Kleinigkeit laufen sie zum Arzt. Wenn sie sich mit Freunden treffen, dann müssen sie im Mittelpunkt stehen. Ihnen würde etwas mehr Abstand zu sich selbst guttun. Sie brauchen einen Freund, der ihnen einmal die Wahrheit sagt: »Nimm dich selbst nicht so wichtig!«

Andere Menschen gehen ganz sorglos mit sich selbst um. Sie stopfen alles wahllos in sich hinein. Sie essen ohne Kontrolle, sie kümmern sich weder um die Gesundheit ihres Körpers noch um die ihrer Seele. Ständig lassen sie sich von Musik oder Fernsehbildern berieseln. Sie brauchen einen Freund, der ihnen einmal die Wahrheit sagt: »Nimm dich selbst einmal wichtig!«

Jedes Leben ist einmalig. Jedes Jahr, jeder Monat, jeder Tag, jede Stunde sind unwiederbringlich. Jeder Augenblick hat seinen besonderen Zauber. Doch wie wichtig nehmen wir das Geschenk des Lebens? Wie oft gehen wir sorglos mit unserer Lebenszeit um?

Willst du dem Engel
in deinem Leben auf die Spur kommen,
dann musst du dich selbst wichtig nehmen.
Das hat nichts mit Egoismus zu tun,
sondern mit Achtsamkeit.

In allem liegt ein Auftrag des Schicksals
und hinter jedem Lebenslauf steckt ein großer Plan.
Der Engel aber wirkt in unserem Schicksal.

In jedem Lebenslauf gibt es himmlische Momente.
Wer achtsam ist,
dem werden die Augen für das Wirken der Engel geöffnet:
In der Stimme des Gewissens,
im Wort des Freundes,
in Nachrichten,
aber auch in der Natur,
im Blick des Hundes oder der Katze,
der Stille des Meeres und der Weite der Wälder
schwingt das Wort des Engels mit.

Das Geheimnis der Engel liegt verborgen in unserem Lebenslauf. Niemand kennt es, keiner kann es ergründen, nur du selbst. Deine Erinnerungen sind der Schlüssel zu jener geheimnisvollen Tür deines Herzens, hinter der dein Engel wohnt. Deshalb erzähle von dir, nimm dich selbst wichtig, stehe zu deinem Weg, nimm dich an. Führe ein spirituelles Tagebuch, schreibe alles auf, was dich geprägt hat, und du wirst den roten Faden deines Lebens entdecken.

Auf dem Engelseminar im Berner Oberland hatte Felicitas einen Engelreigen nach der Musik von Felix Mendelssohn Bartholdy (1809 bis 1847) getanzt. Der Motette für achtstimmigen Chor a capella sind in einer leichten Abwandlung die berühmtesten Engelworte des Alten Testaments unterlegt, das alte jüdische Gebet von den Schutzengeln:

Denn er hat seinen Engeln befohlen,
dass sie dich behüten auf allen deinen Wegen,
dass sie dich auf den Händen tragen
und du deinen Fuß nicht an einen Stein stoßest.

Psalm 91,11–12

Wer diese Worte tanzt, der wird ergriffen und inspiriert von einem Gefühl tiefer Geborgenheit. Erfahrungen lassen sich nicht erzwingen, doch wer sich mit ganzer Seele öffnet, dem werden sie geschenkt wie diese wunderbare Musik. Das alte Gebet sagt: Gott hat dir Engel als Wegbegleiter zur Seite gestellt. Du musst nichts dafür tun. Für dieses Geschenk wahrer Freundschaft gibt es das schöne Wort von der Gnade.

Neben der Wiese, auf der Felicitas mit den anderen Seminarteilnehmenden tanzte, befindet sich die »Villa Gnadenbrot«. Sie wird von Rea Imboden geführt. Hier leben alt gewordene Esel, die Rea vor dem Schlachter gerettet hat, und essen ihr Gnadenbrot. Engel schenken dieses Brot der Gnade, und vielleicht ist Rea ein Engel in menschlicher Gestalt.

2. Engel in Menschengestalt: Du bist mein Engel!

Mütter und Väter sind Engel in der Lehre.
Großväter und Großmütter sind Engel,
die eine zweite Chance bekommen haben.

Unbekannter Verfasser

Beflügelnde Erfahrungen

Auf dem Katholikentag in Osnabrück drückte mir eine Mitarbeiterin von »missio« einen Flyer in die Hand, »missio« ist das internationale katholische Missionswerk. »Schutzengel gesucht«, stand auf dem Faltblatt. »Geben Sie Ihrem Glauben Flügel: Werden Sie ein Schutzengel.« Zwischen Bildern von Straßenkindern in Ulan Bator in der Mongolei und Aidswaisen in Bukoba in Tansania steckte ein Überweisungsauftrag. Vor dem Osnabrücker Schloss fand ich am Stand der Jesuiten einen weiteren Flyer mit einem Engelbild. Dargestellt war ein junger Mann mit kurzgeschorenem Haar, Dreitagebart und einer coolen Sonnenbrille. Die Beine gekreuzt stand er vor einer Mauer, gekleidet in einen langen schwarzen Mantel, so als käme er direkt aus dem Film »Matrix«. Seine Hände hatte er lässig in die Manteltaschen gesteckt, so wie jene Geheimagenten in den Action-Filmen, die jederzeit mit dem Revolver ihren Job machen, wenn es die Ehre der freien Welt zu verteidigen gilt. »Wir sind Engel. Wir machen nur unseren Job«, lautete der Slogan der Gesellschaft Jesu. Der Spruch passte zu dem coolen

Typen mit Dreitagebart, doch Engel machen keinen Job, sondern sie dienen Menschen in selbstloser Weise. Sie haben einen Ruf vernommen und folgen dieser Berufung. Zwischen Job und Beruf gibt es einen gewichtigen Unterschied. Jeder, der Kinder oder Enkelkinder, Nichten oder Neffen im Kindergarten oder in der Schule hat, kennt den Unterschied zwischen einer Lehrerin, die ihre Arbeit als Job versteht, und einer Lehrerin, die in ihrer Berufung für den Dienst an den Kindern aufgeht.

Jeder kennt einen Engel in Menschengestalt. Vielleicht war es die Großmutter, die abends aus einem Märchenbuch vorlas; vielleicht die Grundschullehrerin, die mit nie endender Geduld ihren Schülern die deutsche Rechtschreibung beibrachte. Unter den Engeln in Menschengestalt gibt es viele Prominente. Berühmte unter ihnen sind Elsa Brandström, der Engel von Sibirien, sie betreute deutsche Kriegsgefangene in Russland; Mutter Teresa, der Engel von Kalkutta, sie kümmerte sich um die Sterbenden; Ruth Pfau, der Engel von Karachi, sie hilft Leprakranken. Sie alle sind Vorbilder. Wie leuchtende Sterne schweben sie über unserem Leben und geben uns in dunklen Stunden eine Orientierung. Doch wie viele Krankenschwestern, Altenpflegerinnen, Kindergärtnerinnen, Lehrerinnen, Hebammen, wie viele Köchinnen, Raumpflegerinnen oder Verkäuferinnen mögen Engel in Menschengestalt sein? Niemand weiß es.

Engel erscheinen gerne in Menschengestalt,
weil sie unerkannt auf der Erde wirken möchten.
Ihr ganzes Wesen ist Liebe.
Sie drängen sich nicht in den Vordergrund
und suchen keinen eigenen Vorteil.
Sie wollen dir dienen.

Wenn wir einander in Liebe begegnen, kann das Leben für einen Moment zum Himmel auf Erden werden. Dann spüren wir die Kraft des Engels in uns. Engel sind Energien, Strahlen der Hoffnung, der Liebe und des Glaubens an das Gute. Wenn wir lieben, dann spüren wir diese Strahlen und sie verleihen uns damit selbst Flügel.

Der Engel in uns spricht auch durch die Stimme des Gewissens. Sie erklingt unmittelbar und zwingend. Überall kann der Ruf an uns ergehen. Er ist die Stimme des Herzens, die sagt: Hier wirst du gebraucht. Erhebe die Stimme. Packe mit an. Mische dich ein. Der Engel in uns, das ist die Stimme der Wahrheit und der Menschlichkeit. Es hört sie jeder Mensch, egal in welchem Land der Erde er wohnt oder welcher Religion er angehört. Die Stimme der Wahrheit und der Menschlichkeit erklingt in jedem Herzen, aber wir stellen uns oft taub. Wie oft verschließen wir unser Herz, wie oft haben wir ein Herz aus Stein?

Doch der Engel in uns wartet auf seine Stunde. Er wird nicht müde, seine Stimme zu erheben. Er hat eine Engelsgeduld und weiß, wir sind keine Meister in der Kunst des Liebens, sondern Lehrlinge. Deshalb gibt er uns immer wieder eine neue Chance.

Der sechste Sinn

Die Stimme des Engels erklingt auch in jener wunderbaren Verbundenheit zwischen Menschen, die weit entfernt voneinander wohnen und doch wie mit einem unsichtbaren Sender miteinander verbunden sind. Vor allen Dingen Mütter haben diesen sechsten Sinn. Über die weiteste Entfernung und ganz ohne Worte spüren sie manchmal, wie es ihren Kindern geht.

Der russische Arzt Wladimir Lindenberg hatte in seinem langen Leben viele wunderbare Begegnungen. Eine davon ereignete sich in Bonn. Sein belgischer Freund Lu Timmermans hatte ihn besucht. Am Tag seiner Rückkehr in seine Heimatstadt Brüssel hatte Wladimir Lindenberg den Freund zum Bahnhof gebracht. Nun saß er im Zug. Wladimir Lindenberg kehrte nach Hause zurück. Ohne nach links oder rechts zu schauen, betrat er die Remigiusstraße. Einen Fuß hatte er bereits auf die Fahrbahn gesetzt, da sah er plötzlich auf der gegenüberliegenden Straßenseite seinen belgischen Freund energisch winken. Er stutzte und trat zurück. Lu Timmermans sitzt doch im Zug nach Belgien?, dachte er sich. In diesem Augenblick sauste ein Auto vorüber. Einige Tage später erhielt Wladimir Lindenberg einen Brief seines Freundes aus Brüssel. Darin schrieb er, dass er plötzlich und ohne jeden Anlass von einem Gefühl der Angst um das Wohl seines Freundes ergriffen worden sei. Er habe das starke Gefühl gehabt, ihn beschützen zu müssen. Dieser Zustand habe nur einige Sekunden angedauert, dann sei die Angst gewichen.

Wer kennt all die lieben Menschen,
die uns durch ihr Gedenken,
ihre guten Wünsche
und ihre Gebete
auf unserem Weg
durch das Leben unsichtbar begleiten?

Mögen auch wir nur gute Gedanken,
Gedanken der Liebe,
der Hoffnung und des Glaubens verströmen,
gerade für jene,
die uns Böses wollen.
Denn alle positiven Gedanken wirken auf uns zurück,
verwandeln uns mit liebender Güte
und führen uns auf den Paradiesweg des Herzens.

Schutzengelerlebnisse

»Da hast du aber einen Schutzengel gehabt!«, sagen wir in Momenten der wunderbaren Rettung. Jeder kennt glückliche Zufälle dieser Art. Wie alle Kinder bin auch ich oft gestürzt: bei Nina und Silvi Brocke mit dem Fahrrad gegen die Mauer aus Muschelkalkstein gefahren, bei Röder in den Jauchegraben gefallen, bei Fritze Feldkeller auf der Hafenstraße übersah mich der Beifahrer eines Autos. Er öffnete die Tür, ich raste mit dem Rad dagegen und lag lange mit einer Gehirnerschütterung im Bett. Doktor Heukmann kam und leuchtete mir mit der Taschenlampe in die Augen. In der Turnhalle fiel ich mit der Stirn in das Gitter des Lüftungsschachtes. Ins Eis des Löschteiches der Ida-Schule bin ich eingebrochen und aus dem Hühnerstall von Laudenbach habe ich ein Ei gestohlen. Nie ist mir Ernsthaftes passiert. Ich bin überzeugt: Ohne das Schicksalswirken seines Engels würde kein Kind das vierte Lebensjahr erreichen. Deshalb stehen Engel auf Treppen, unter Mauern, wachen vor dem offenen Feuer, sitzen auf Baumkronen, Klettergerüsten, Balkonbrüstungen und anderen gefährlichen Orten.

Meine erste bewusste Erinnerung an den Schutzengel geht in mein viertes Lebensjahr zurück. Es war im Jahr 1959, ich spielte auf dem Feld. In der Nähe war ein Hochspannungsmast. Der fließende Strom vibrierte in der Luft, es knisterte vor Spannung. In der Höhe kletterten Männer und führten Reparaturarbeiten durch. Hoch über ihnen flog ein großer Vogelschwarm. Plötzlich fiel eines der Kabel hinab. Oder entlud sich die Energie auf andere Weise? Ich weiß es nicht. Alles geschah im gleichen Augenblick: Die Luft vor mir vibrierte, alles war voll Elektrizität, doch eine andere Energie ergriff mich. Ich wurde blitzschnell von einer großen Kraft zur Seite gezogen. Als ich mich umdrehte, war niemand zu sehen. –

Mit meinen Augen habe ich meinen Engel damals nur einmal gesehen: Am Heiligen Abend saß ich im Kinderzimmer und wartete mit den Geschwistern auf die Bescherung. Das Haus duftete nach Tannenzweigen, die meine Mutter verbrannt hatte. Durch den Türspalt schaute ich auf den Flur. Da schritt ein leuchtender Engel vorbei und trat durch die Tür ins Weihnachtszimmer. Dieses Bild ist noch deutlich in meiner Erinnerung.

3. Das Leben ist kein Zufall: Der große Plan

[...] das Wirkliche ist ebenso zauberhaft,
wie das Zauberhafte wirklich ist.

Ernst Jünger

Wunder am Wegesrand

Im Jahr 1955 erblickte ich unter dem Sternzeichen »Löwe« in einem »Engelkrankenhaus« das Licht der Welt. Es war die Raphaelsklinik in Münster. Der Name Raphael bedeutet »Gott heilt« oder auch »Arzt Gottes«. Raphael ist das Urbild aller Schutzengel. Schrieb ich Jahrzehnte später Bücher über Engel, weil ich in der Raphaelsklinik geboren wurde? War das mein Schicksal und mein Auftrag? Ich glaube, dass jeder Mensch eine Bestimmung hat – auch du.

So geheimnisvoll wie die Geburt ist auch die Liebe. Wenn wir über die Liebe nachdenken, dann tauchen viele Fragen auf: Wählen wir uns einen Partner? Oder greifen auch hier die Schutzengel auf geheimnisvolle Weise in unser Leben ein?

Im Jahr 2002 heiratete mein Bruder Volker. Vor der Hochzeit lernten sich die Eltern des Brautpaares kennen. Als meine Mutter Tinas Vater sah, erkannte sie in ihm sofort den Arzt aus dem »Engelkrankenhaus« wieder, der sie vor Jahrzehnten von mir entbunden hatte. Das kann kein Zufall sein.

Meine Großmutter betete jeden Abend zu ihrem Schutzengel. Sie erreichte ein biblisches Alter und wurde sogar älter als der Schriftsteller Ernst Jünger (1895 bis 1998). Beide waren noch im 19. Jahrhundert geboren worden und hatten in ihrem langen Leben viele Schutzengelerfahrungen gemacht.

Ernst Jüngers Vater hatte Chemie studiert und durch den Kalibergbau ein Vermögen verdient. Der Vater meiner Oma Selma war ein einfacher Handwerker, der in einem Wettbüro der Stadt Breslau gelegentlich das Glück herausforderte. Wie viele Menschen des 19. Jahrhunderts waren diese Väter Materialisten. Für Materialisten zählen nur Logik und Beweise, und so betrachten sie auch die Wirklichkeit: Gott und Engel können nicht bewiesen werden, also gibt es sie nicht. Die Entstehung der Welt kann durch die Evolution beschrieben werden, also gibt es keinen Schöpfer. Für Materialisten ist das Leben Zufall. Es gibt keinen großen Plan, in dem jedes einzelne Leben seinen Auftrag und seine Bestimmung hat. Ganz anderes dachten noch die Romantiker: Nicht Wissen, sondern Glauben, nicht Berechnung, sondern Fantasie, nicht nüchterne Analyse, sondern Inspiration sind der Schlüssel zum Geheimnis des Lebens.

Der Zwiespalt zwischen Glauben und Wissen scheint in jedem Lebenslauf auf. Als wir noch Kinder waren, hatten wir offene Augen für das Wunderbare in der Welt. Das Leben hat uns wissend gemacht, doch die Tür ins Kinderreich steht immer offen, denn wer auf die Zeichen achtet, dem werden sie geschenkt. In einem Urlaub auf Sizilien hatte Ernst Jünger ein wunderbares Erlebnis. Über den Kakteenfeldern und den Wolfsmilchstauden einer kargen Landschaft sah er die bleiche Scheibe des Mondes aufgehen. Der Anblick ergriff ihn. Er sah den Mann im Mond und wusste zugleich, dass es eigentlich keinen Mann im Mond gibt. Das hätte ihm jedenfalls der Vater gesagt. Für einen Naturwissenschaftler hat der Mond kein Gesicht. Der romantische Blick sieht den Mond, ähnlich wie ein Kind, mit Augen, die sich von der Wirklichkeit verzaubern lassen. Das klingt auch in dem schönen, alten Abendlied von Matthias Claudius an:

Seht ihr den Mond dort stehen?
Er ist nur halb zu sehen
und ist doch rund und schön.
So sind gar manche Sachen,
die wir getrost belachen,
weil unsre Augen sie nicht sehen.

Die Wirklichkeit hat verschiedene Schichten. Auch das eigene Leben kann man als eine nüchterne Reihung von Tatsachen verstehen, so wie sie in Lebensläufen zu finden sind, die man für eine Bewerbung zusammenstellt: Geburt, Schule, Ausbildung, Hochzeit, Kinder, Stufen der Karriere ... Aber bin ich nur das, was ich mit Urkunden dokumentieren kann? Neben dieser äußeren Geschichte meines Lebens gibt es eine innere Geschichte. Als Ernst Jünger seinen 90. Geburtstag feierte, blickte er voller Dankbarkeit auf sein Leben zurück:

»Nach Mitternacht weckte mich eine Dankeswelle für Eltern, Lehrer, Kameraden, Nachbarn, unbekannte Freunde, ohne deren Hilfe ich nie mein Alter erreicht hätte. Meine Knochen würden in der Sahara bleichen, in einem Granattrichter modern; ich würde in Lagern oder Zuchthäusern verschmachtet sein. Wer weiß, wer für mich eintrat, wo um Köpfe gehandelt wurde, wer für mich Akten fälschte oder verschwinden ließ. Man sagt: ›Freunde in der Not gehen hundert auf ein Lot.‹ Aber einer genügt; ich habe gute Erfahrungen. Ob bei leichten Havarien, ob in schweren Katastrophen – es war immer einer da. Das kann kein Zufall sein.«

In der Welt der Engel gibt es keine Zufälle. Als man Alexander Puschkin zur Zeit des Dekabristenaufstandes nach Moskau rief, kehrte der Dichter sofort um, nachdem ein Hase seinen

Weg gekreuzt hatte. So entging er der Hinrichtung. Von diesen Wundern am Wegesrand berichten die Zeitungen jeden Tag.

Eine merkwürdige Engelerscheinung in der Nacht

»Jede Nacht werde ich zwischen zwei und drei Uhr von einem Engel geweckt.« Die zarte Frauenstimme am Telefon entschuldigte sich für den späten Anruf. Die Frau nannte ihren Namen nicht. Sie rufe aus Lübeck an. Noch einmal entschuldigte sie sich für die Störung und fragte, ob sie mir ein Erlebnis schildern dürfe, das sie beunruhigte.

»Bitte, erzähle!«, sagte ich. »Nachts sind wir den Engeln näher, und zu allen Zeiten haben sie in unseren Träumen zu uns gesprochen.«

Sie schwieg. Ich versuchte, sie zu ermutigen.

»Wie sieht dein Engel aus?«, fragte ich die Anruferin.

»Es ist eine weiße Gestalt, strahlend im Licht.«

»Trägt sie Flügel?«

»Nein, keine Flügel, und die Gesichtszüge sind nicht deutlich ausgeprägt. Ein Lächeln aber kann ich erkennen.«

»Engel sehen meist anders aus, als sie auf Kunstpostkarten abgebildet werden«, sagte ich.

Seit einigen Tagen erscheine die Lichtgestalt regelmäßig zwischen zwei und drei Uhr morgens.

»Kannst du den Ort näher beschreiben?«

Wieder zögerte sie.

»Du lachst mich nicht aus, ja? – Es sieht so aus, als schwebe die Gestalt vor den Vorhängen meines Schlafzimmerfensters«, flüsterte sie.

»Wie kommst du darauf, dass es sich bei der Lichtgestalt um einen Engel handelt?«

»Ich habe das Buch ›Breit aus die Flügel beide. Von den Engeln des Lebens‹ gelesen. Da war die Rede von Engeln, die als Lichtgestalten erscheinen.«

»Du sagst, du siehst den Engel. Siehst du ihn im Traum? Mit geschlossenen Augen als inneres Bild? Oder siehst du seine Gestalt mit den äußeren Augen?«

»Das ist schwer zu sagen.«

»Vielleicht bildest du dir die Gestalt nur ein?«

»Ich weiß nicht.«

»Beunruhigt dich die Erscheinung?«, fragte ich weiter.

»Ich lasse im Flur das Licht eingeschaltet.«

»Spricht dein Engel?«

»Nein.«

»Lebst du allein?«, fragte ich sie.

»Ja. Aber seit Kurzem habe ich wieder einen Freund.«

Ich schlug ihr vor, den neuen Freund anzurufen und ihn zu bitten, diese Nacht neben ihr zu schlafen, um zu sehen, ob die Lichtgestalt auch dann erscheine. Dazu fehlte ihr der Mut. Sie wisse nicht, was er von ihr denken werde, wenn sie ihm von dem Engel erzähle. Ich erkundigte mich nach ihrer beruflichen Situation. Sie sei lange Zeit arbeitslos gewesen, habe aber nun die Chance bekommen, wieder in ihrem alten Beruf zu arbeiten. Es sei ein Zeitvertrag, doch könne sie vielleicht mit einer festen Anstellung rechnen. So sei sie einerseits glücklich, habe aber andererseits auch Angst zu versagen.

Viele Menschen berichten davon, dass sie die helle Lichtgestalt eines Engels gesehen haben. Doch wie würden wir reagieren, wenn uns ein Engel erschiene? Man kann sich auch gut vorstellen, wie Kolleginnen und Freunde morgens im Büro, im Geschäft oder in der U-Bahn auf einen Bericht von dem lächelnden Engel antworten würden. Höhnische Sprüche wären die Folge: Etwas schrill, nicht wahr?! Die war schon immer überdreht!

Wenn Menschen über Berichte von Engelerfahrungen spötteln, so steckt hinter ihren Worten oftmals eine Abwehrhaltung. Sie fürchten, in den Sog einer anderen Welt zu geraten, oder sie haben einfach Angst vor der Berührung mit den Botschaften der eigenen Seele. Spott hilft nicht weiter, aber kritisches Nachfragen ist schon geboten, denn die Grenze zwischen Wahrheit und Einbildung will gezogen werden. Nicht jeder Engel ist echt. Ein wichtiges Merkmal zur Unterscheidung von Wahrheit und Einbildung ist folgendes: Engel sind Boten der Freude, der Heiterkeit und der Lebensbejahung. Was nicht dem Leben dient, kann nicht himmlischen Ursprungs sein.

Wahrheit oder Einbildung?

Eine echte Engelerscheinung vergessen wir nicht. Sie bringt uns auf einen neuen Weg und setzt im Lauf des Lebens immer neue Energien in uns frei, aber sie bleibt im Ganzen geheimnisvoll. Wir werden mit ihr nicht fertig. Sie beschäftigt ein Leben lang unser Denken und Fühlen.

»Mitten in der Nacht wachte ich auf. Das Schlafzimmer war hell erleuchtet«, erinnert sich Elisabeth Noelle-Neumann an ein Erlebnis aus ihrem fünften Lebensjahr. »Links, nach Osten, war das große Fenster, von weißen, gerafften Gardinen umrahmt, draußen in der Nacht lag der große Garten. In der Mitte eine Deckenlampe, mit weißem Stoff sanft verkleidet, aber das war nicht die Lichtquelle. Das Zimmer war einfach als Ganzes hell, rings herum schloss eine breite Kante von Scherenschnitten mit Märchenmotiven nach oben hin die Tapete des Kinderzimmers ab. Meine Schwester, im Bett rechts von mir auf der gegenüberliegenden Seite des Zimmers, schlief. Das Zimmer war hell, aber niemand war zu sehen. Fünf Jahre war ich alt. Aus irgendeinem Grund hat sich das mir eingeprägt. Ich sah mich um in dem hellen Schlafzimmer und immer wieder zu dem mit leichten weißen Vorhängen eingerahmten Fenster links. Aber es war nichts da. Es war einfach nur alles hell. Am nächsten Morgen fing ich an zu fragen. Zuerst meine Mutter: Warst du in der Nacht in meinem Zimmer? – Ich? Wieso? Mein Vater: Ich? Wieso? Das Kindermädchen, die zwei Hausmädchen, die Köchin, alle wunderten sich: Ich in deinem Zimmer? Wieso? Als ich alle gefragt hatte, und niemand war nachts in meinem Zimmer gewesen, da sagte ich mir: Dann müssen es die Engel gewesen sein. Das war das Geheimnis. Von nun an behielt ich es bei mir – und bis heute ist es ein Geheimnis geblieben. Nie habe ich es vergessen, immer daran gedacht. Welch ein Trost.«

Wahrheit oder Einbildung?
»Aus irgendeinem Grund hat sich das mir eingeprägt.«
Wie oft nehmen überreizte Nerven ungewöhnliche Geräusche,
Stimmen oder Lichtreflexe wahr!
Gedanken schießen uns durch den Kopf,
seltsame Träume tauchen in der Nacht auf.
Nach zwei Tagen oder spätestens nach zwei Jahren
haben wir alles vergessen.
Echte Engelerfahrungen prägen sich ein.
Nicht immer sprechen sie sofort.
Über Jahrzehnte können sie
tief unten in der Seele verborgen bleiben.
Dann aber brechen sie wieder hervor.
Was wahr ist, wirkt in das Leben hinein.

»Aus irgendeinem Grund hat sich das mir eingeprägt.« Was aber ist eine Prägung? Eine Prägung hinterlässt in unserer Seele einen bleibenden Eindruck, so wie das Siegel im heißen Wachs.

Wir werden durch unsere Eltern und Geschwister, durch unsere Erzieher und Lehrer, durch unsere Sprache, Musik und Kultur geprägt. Geprägt haben uns vor allen Dingen die Schlüsselerlebnisse aus Kindheitstagen. Kindliche Erfahrungen ja sind nicht kindisch. Wenn Erwachsene abwertend über ihre eigene Kindheit denken, verleugnen sie sich selbst. Die Kindheit hat ihre eigene Würde und ihren eigenen Erfahrungsraum. Kinder sind wie junge Bäume: Der Baum wächst und bildet jedes Jahr einen neuen Ring. In seiner Mitte eingebettet liegen die Ringe der ersten Jahre. So ist auch in uns verborgen das Kind, das wir einmal waren. Es bildet den Kern unseres Daseins.

Prägungen gehören zu unserem Schicksalsweg.
Wir haben sie nicht gesucht.
Der Engel hat nicht gefragt,
ob er erscheinen darf.
Er ist gekommen.

Prägungen hinterlassen in unserer Seele ein Muster. Manchmal entsteht dieses Muster sehr langsam in mühevoller Arbeit wie ein echter Orientteppich. Ich liebe Teppiche. Deshalb stelle ich mir das Muster der Seele gerne wie einen jener kleinen afghanischen Teppiche vor, die ich von meinen Reisen nach Pakistan mit nach Hause gebracht habe. In den Dörfern des Swat-Tales konnte ich sehen, wie Teppiche geknüpft werden. Zuerst spannt der Teppichknüpfer die Kettfäden senkrecht in einem Knüpfstuhl auf. Dann beginnt er die Knoten zu knüpfen. Nach und nach entstehen aus den Verknüpfungen der bunten Fäden wunderbare Muster. So ist es auch mit dem Teppich des Lebens.

Je älter wir werden, desto klarer tritt das Muster der Seele hervor. Doch wer webt den Teppich des Lebens? Sind wir es selbst? Und auf welchen Webrahmen sind wir gespannt? Wenn wir im Licht der Engel unser Leben betrachten, dann wird unser Leben geheimnisvoll. Wir fangen an zu staunen über das wunderbare Muster unseres Lebens.

Auch ich erlebte im Alter von 21 Jahren eine Engelerscheinung. Sie hat mich zunächst irritiert, denn sie traf mich ohne jede Vorbereitung. Plötzlich stand der Engel in meinem Zimmer. Ich wollte ihn nicht sehen. Ich habe dann seine Erscheinung verdrängt. Aber was wahr ist, das bleibt wahr. Die Wahrheit kann man für einige Zeit unterdrücken, aber dann meldet sie sich wieder und verlangt Anerkennung. Am Ende setzt sich die Wahrheit immer durch und hüllt alles Dunkel in Licht.

Meine Engelerscheinung hat mich geprägt. Deshalb ist sie für mich wahr. Es war im Februar 1977. Ich studierte im ersten Semester und wohnte noch bei meinen Eltern. Mein großes Zimmer lag in einem ausgebauten Keller mit schönem Blick in den Garten. Die Wände waren tapeziert mit rautenförmigen Mustern in grellen Orange- und Rottönen. Das entsprach dem Geschmack der Siebzigerjahre ebenso wie die psychedelischen Bilder, die ich selbst gemalt hatte. Im Regal standen zwei große Boxen, der Dual-Plattenspieler und meine kleine Plattensammlung: »Live at Leeds« von The Who, die ersten drei Platten meiner damaligen Lieblingsband Led Zeppelin und »In-A-Gadda-Da-Vida« von Iron Butterfly. Wie in jenen Jahren des Übergang von der Kindheit und der Jugendzeit ins Leben eines Erwachsenen war die Einrichtung meines Zimmers eine Mischung aus allen Lebensphasen, die ich bisher durchschritten hatte: Da stand mein Teddybär aus frühen Kindheitstagen neben dem Aquarium mit den kleinen Panzerwelsen, die unermüdlich im Kiesgrund wühlten. Da hing ein Leninposter neben einer blau gestrichenen Presspappe, auf die ich rote Eislöffel in der Form eines Kreises geklebt hatte. Ich schlief in einem mit weinrotem Schleiflack lackierten Bett. Es war ein Geschenk zur Konfirmation, die nun schon sieben Jahre zurücklag. Der Lack war an vielen Stellen bereits abgeplatzt. In diesem Bett ruhte ich wie immer auf der linken Seite, als der Engel kam.

Mitten in der Nacht wurde ich plötzlich wach, drehte mich auf die rechte Seite und blickte in die Tiefe meines Zimmers. Dort stand vor den Musikboxen eine weiße Lichtgestalt in Menschengröße. An Flügel kann ich mich so wenig erinnern wie an Gesichtszüge. Die Gestalt war nicht nur in Licht gehüllt, sie war selbst fließendes Licht. Ich hatte dergleichen vorher weder erlebt noch darüber gelesen. Die Lichtgestalt blieb stumm. Jedenfalls kann ich mich nicht an eine Botschaft erinnern. Doch ich weiß noch genau, was mich in jenen Wintermonaten beschäftigte. Die Sehnsucht nach einer Antwort auf die großen Fragen des Lebens hatte mich dazu bewegt, die alten Sprachen zu lernen und Theologie zu studieren. Nun schrieb ich meine erste wissenschaftliche Arbeit über eine Wundergeschichte. Wir jungen Studenten lasen Kommentare und übten uns in der Deutung der alten Texte. Die Bibel war voller Wunder und Erscheinungen, an deren Echtheit unsere Professoren nicht mehr glaubten. So wagte niemand von uns die Fragen zu stellen, die uns wirklich auf der Seele lagen.

Da erschien der Engel in meinem Zimmer. Ich war auf die Begegnung nicht vorbereitet und konnte mit der Erscheinung nicht umgehen. Wem hätte ich sie mitteilen können? Meinem Professor? Einem Nervenarzt? Meiner Freundin? Wie viele Menschen, die zum ersten Mal in ihrem Leben eine bewusste Engelerfahrung machten, war ich allein und traute mich nicht darüber zu reden.

Als später Zweifel an der Echtheit der Erscheinung auftauchten, dachte ich: Warum bin ich nicht aus dem Bett gestiegen und auf die Gestalt zugegangen? Sie hätte sich dann vielleicht plötzlich verflüchtigt und als pure Einbildung erwiesen. Oder auch nicht … Was aber wäre dann gewesen? Ich hatte in jener Nacht keine Angst, dachte nur so etwas wie »Ich will das jetzt nicht sehen«. Ich drehte mich im Bett auf die linke Seite, lag mit dem Gesicht zur Wand, zog die Decke über den Kopf und schlief nach einiger Zeit wieder ein.

So merkwürdig wie die Erscheinung selbst ist ihre Verankerung in meiner Erinnerung bis auf den heutigen Tag. Ich habe sie nie vergessen und bin noch heute überzeugt, dass dort jemand leibhaftig anwesend war.

4. Ein Herz voller Sonne: Mit allen Sinnen leben und lieben

Nicht als ob die Engel Flügel
hätten wie die Vögel,
sondern schnell,
wie der Gedanke des Menschen dahinfliegt,
drängt ihre Sehnsucht sie,
den Willen Gottes zu erfüllen.

Hildegard von Bingen

Der Engel kennt das Geheimnis

Alles hat eine sichtbare und eine unsichtbare Seite. Wir sehen den Stamm eines Baumes, die Äste, Zweige, Blätter und Früchte. Das ist die sichtbare Seite des Baumes. Die Energie gewinnt er aber aus seinen Wurzeln. Sein Wurzelwerk ist so weit verzweigt wie die Krone. Wir können es nicht sehen, und doch ist es da. Es ist seine unsichtbare Seite.

Auch das Wasser hat eine sichtbare und eine unsichtbare Seite: Wir sehen das Rinnsal, den Bach und den Fluss, wir blicken auf den See und das Meer. Sie sind die sichtbare Seite des Wassers. Seine Quelle aber ist verborgen. Sie entspringt in der Tiefe der Erde, irgendwo zwischen Felsen, Höhlen und Abgründen tritt sie hervor. Die Quelle ist die unsichtbare Seite des Wassers. Sie speist die Ströme und Ozeane dieser Erde.

Wie der Baum und das Wasser, so haben auch wir eine sichtbare und eine unsichtbare Seite. Zur sichtbaren Seite gehört unsere äußere Erscheinung, zur unsichtbaren unser Wesenskern. Er ist den äußeren Blicken verborgen. Der Engel aber sieht ihn.

Jeder Mensch hat ein Geheimnis.
Auch du.
Das Geheimnis liegt tief in deiner Seele verborgen.
Aus diesem Geheimnis lebst du.
In ihm wurzelt der Baum deines Lebens.
Hier liegt die verborgene Quelle der Kraft.
Aus ihr fließen dir immer wieder neue Energieflüsse zu.
Hier liegt der Brunnen mit dem Wasser des Lebens.

Der Engel aber kennt dein Geheimnis.
Er sieht dich so, wie du wirklich bist.
Wir können zu unseren Engeln beten.
Wir können mit unseren Engeln beten.
Dann treten wir ein in das große unsichtbare Reich.
In ihm wurzeln wir.
Aber es gehört uns nicht allein.
Es ist größer als wir.
Es gehört allem Lebendigen.
Aus ihm kommen wir,
zu ihm kehren wir zurück.

Wir leben im Geheimnis.
Es ist die Mitte.
Vor ihr verbeugen wir uns.

Engel sind die Sonne der Liebe in unserem Herzen. Der Kirchenvater Augustinus nannte die Engel das Licht des ersten Schöpfungstages. Wenn dieses Licht in uns leuchtet, dann strahlen wir wie frisch Verliebte, dann fühlen wir uns wie neu geboren. Der Engel erscheint dann als unsere Aura. Wir wachsen für einen Moment über uns hinaus. Dieses Verströmen positiver Energien ist wie ein lieblicher Windhauch. Nichts anderes bedeutet auch das lateinische Wort »Aura«.

Von der himmlischen Ausstrahlung eines Menschen berichtet die Journalistin Uschi Neuhauser: »Ich habe ihn gesehen. Ich weiß es ganz genau, es war in der Hamburger U-Bahn, da saß er mir gegenüber. Männlich. Und ohne Flügel. Das Weitere ist schon schwerer zu beschreiben. Aber ich erinnere mich, dass alles stimmte. Die Gesichtszüge, die Gestalt, die Haltung, Größe, Kleidung. In seiner Nähe fühlte ich mich gut. Wohltemperiert. Entspannt. Totale Harmonie. Seine Augen strahlten derart, dass sie eigenartig farblos waren. Ich fixierte ihn, ohne verlegen zu werden. Nichts beunruhigte mich an ihm, störte mich. Ich war weder steif vor Schreck noch angeturnt. Ich befand mich in völliger Balance. Wir schwiegen sanft. Landungsbrücken stieg er aus. Er hat nichts getan, was man von Engeln sonst erwarten darf: Er hat mich nicht gerettet. Er hat mich auch nicht auf den rechten Pfad geführt. Er hat meine dringendsten Probleme nicht gelöst. Ein fauler Hund. Für einen Flügelschlag lang bescherte er nichts als ein himmlisches Gefühl.«

Ich bin gewiss: In jedem Menschen ist ein Engel verborgen. Manchmal tritt er aus dir sichtbar hervor. Dann wächst du über dich hinaus. Du bist zu Worten und Taten fähig, die niemand dir zugetraut hätte – auch du selbst nicht. Dann leuchten deine Augen, auf deinem Gesicht liegt Glanz, und du bekommst eine

Ausstrahlung, die du vorher nicht besessen hast. Jetzt hast du Schmetterlinge im Bauch, jetzt kannst du die Welt umarmen. Solche himmlischen Momente sind immer ein Geschenk. Du kannst sie nicht erzwingen, aber du kannst dich für die glückliche Begegnung offenhalten.

Engel sind Energien. Sie sind Grenzgänger zwischen den Welten. Deshalb sind sie immer dort zur Stelle, wo auch wir Grenzen überschreiten. Sie durchschreiten Mauern und Türen, auch die Tür zu deinem Herzen. Egal wo du jetzt sitzt: in der U-Bahn, im Flugzeug, an deinem Schreibtisch, im Wartezimmer des Arztes, in deinem Lieblingssessel – du bist durchdrungen von Strahlungen und unsichtbaren Energien. Du musst nur auf »Empfang« schalten. Strahlungen aus den tiefsten Tiefen des Universums werden von riesigen Teleskopen eingefangen. Mit dem Handy sind wir überall zu erreichen. Engel sind Funksprüche des Himmels, Boten von der anderen Seite der Wirklichkeit. Sie sind immer auf Sendung.

Von einer anderen Begegnung mit der Aura eines Menschen berichtet der Engelforscher Alfons Rosenberg: Er befand sich auf der Heimreise und wartete nachts auf einem Bahnhof. Der Anschlusszug hatte sich verspätet. Als Rosenberg die Wartenden auf dem Bahnsteig betrachtete, fiel ihm ein Jüngling auf, dessen ganze Gestalt wie von einem Perlenschimmer glänzte. Rosenberg beschreibt die Wirkung dieser Aura mit folgenden Worten: »Eine ungewöhnliche Erregung bemächtigte sich meiner bei diesem Anblick, mir war, als ob ganze Strahlenbündel von mildem Licht, von vibrierender Kraft von der Gestalt des Jünglings ausgingen – allmählich schimmerte alles an ihm in hoher Leuchtkraft und in einer Schönheit, die mir noch niemals im Leben begegnete und die mir nicht irdischer Natur zu sein schien.«

Dann fährt der Zug verspätet ein. Rosenberg und der Jüngling kommen im gleichen Abteil gegenüber zum Sitzen. Und wieder strahlt die Aura des Jünglings in vollem Glanz: Haare, Kleidung, Gesicht, Hände. Er löst starke widersprüchliche Gefühle von Seligkeit und Schrecken in Rosenberg aus. Zu einem Gespräch kommt es nicht.

Die Begegnung hinterlässt in Alfons Rosenberg eine tiefe Erschütterung. Er wird krank. Seine Nerven liegen blank. Sein Leben scheint aus der Bahn geworfen. Er unternimmt alles, um den geheimnisvollen Freund wiederzufinden. Vergeblich. Gut ein Jahr später trifft Rosenberg einen jungen Mann, dem er bereits früher bei Freunden das eine oder andere Mal begegnet ist. Sie gehen ein paar Schritte zusammen. Dann fragt der junge Mann, warum er ihn vor einem Jahr auf dem Bahnhof und auch später im Zug so merkwürdig angeschaut hätte. Rosenberg mustert den Bekannten. Er hat nichts mehr von der leuchtenden Aura, die ihn damals ergriffen hat, und doch muss er es gewesen sein. In mehreren Gesprächen versucht Rosenberg, das Geheimnis des jungen Mannes zu ergründen. Dieser erzählt ihm, dass er an jenem Abend vor einem Jahr meditiert habe. Ein Zustand von Leichtigkeit und ein Gefühl, als schwebe er, habe ihn ergriffen. Etwa eine Stunde lang habe dieses Glücksgefühl angehalten. Dann sei er erwacht und zum Bahnhof gegangen. Während der Gespräche hoffte Rosenberg vergeblich, noch einmal das wunderbare Leuchten erleben zu dürfen.

Schweigen und hören: Die Stimmen der Stille

Wir wollen mit allen Sinnen leben und lieben. Wir wollen alles, und zwar sofort. Wir wollen nichts verpassen. Zwei Freundinnen erzählen sich vom Wochenende, gleichzeitig läuft das

Radio oder der Fernseher im Hintergrund. Ein zwölfjähriger Junge sitzt im Unterricht und spielt unter der Bank mit seinem Handy. Eine Sechzehnjährige sieht sich die neueste Mode von H&M an und tippt gleichzeitig eine SMS. Diese Bilder von Gleichzeitigkeit gehören so selbstverständlich zu unserem Alltag, dass wir die Problematik unseres Verhaltens gar nicht mehr erkennen. In den Supermärkten und selbst auf dem Behandlungsstuhl des Zahnarztes werden wir mit Musik berieselt, während der Autofahrt läuft eine CD, beim Joggen durch den Wald begleitet uns der MP3-Player – wie sollen wir in der Dauerbeschallung noch die Stimme des Engels wahrnehmen? Unsere Sinne drohen immer mehr abzustumpfen. Und umgekehrt: Die Reize von außen müssen immer stärker, greller und lauter sein, um uns noch zu erreichen.

Einmal suchte ich ein Geschenk. Ich betrat einen dieser großen Elektronik-Märkte, in denen von der Espressomaschine bis zum Drucker alles in riesiger Auswahl zu haben ist. Aus den Lautsprechern dröhnte unruhige Musik. Sie bereitete mir regelrecht Schmerzen. Ich spürte einen Widerwillen in mir aufsteigen. Andere Kunden fühlten sich offensichtlich nicht gestört und studierten die Auslagen. Ich aber verließ diesen Ort.

Das Bedürfnis nach Stille ist keine Alterserscheinung. Wenn ich einmal laute Musik hören möchte, dann lege ich alte Platten von »Led Zeppelin« oder »The Doors« auf meine Braun-Anlage. Sie stammt aus den Siebzigerjahren. Ihr Klang erweckt in mir noch immer die Schwingung jener Zeit. Ich liebe auch das laute Prasseln der Regentropfen an mein Fenster und das Ächzen der Baumkronen in den Sturmböen. Aber ich will feinfühlig bleiben für die leisen Töne des Engels. Ich möchte mit offenem Herzen durch die Welt gehen.

Viele Menschen haben Angst vor der Stille.
Sie können nicht allein sein.

Sie hetzen von Termin zu Termin
und haben immer etwas vor.
Warum?
Spüren sie eine innere Leere?
Haben sie Angst vor der Begegnung mit sich selbst?

In der Ruhe liegen große Wachstumskräfte. Wenn eine Rose oder ein junger Baum in den Boden gepflanzt worden sind, dann brauchen sie nicht nur Dünger und frisches Wasser, sondern vor allen Dingen Ruhe, damit sie Wurzeln schlagen können. Ebenso benötigen Kinder einen Ort der Ruhe, in dem sie einwurzeln können. Je mehr wir im Alltag, in Familie und Beruf gefordert werden, desto wichtiger werden Momente der Unterbrechung, Augenblicke, in denen wir die Zeit anhalten. Wenn wir den Alltag unterbrechen, dann kommen wir zu uns selbst, spüren wir wieder unsere Wurzeln. Pausen sind Unterbrechungen des Alltags. Wir sammeln unsere Kräfte, blicken zurück und verarbeiten das Erlebte. Wir schauen voraus und bereiten uns auf das Kommende vor. In den Pausen öffnen sich die Ohren unseres Herzens, und wir vernehmen die Stimme des Engels.

Der Engel kommt, wenn wir das Fernsehen oder Radio ausschalten. Er spricht, wenn wir die Zeitungen und Magazine zur Seite legen. Er braucht keine Medien und Mittler, sondern sucht die unmittelbare Begegnung mit uns. Wir sind ihm wichtig, deshalb will er keine Ablenkung. Das Zusammensein mit uns erfüllt ihn ganz. Kein Drittes muss hinzutreten. Er liebt die Stille. Doch wie weit müssen wir oftmals gehen, um in die inneren Räume des Herzens zu gelangen, wo wir dem Engel begegnen?

Du hast gelernt, dich in der sichtbaren Welt zu behaupten. Kannst du aber auch Dinge geschehen lassen? Einfach sitzen und ruhig atmen, eine Melodie wirken lassen? Dein Schutzengel ist Energie, leuchtendes Licht, unerschöpfliche Kraft des Himmels, Strahlung aus der Mitte des Lebens. Deine dunklen Stunden erhellt er, deiner Seele schenkt er neuen Mut: In seiner Gegenwart tankst du auf und atmest wieder durch.

In der Stille entdecken wir Fähigkeiten, die wir im Lärm des Alltags vergessen hatten. Unsere Sinne werden feinfühliger. Wir nehmen Düfte in neuer Frische wahr, sehen die kleinen Dinge am Wegesrand, achten auf die leisen Töne. Auf einer Wanderung durch einen einsamen Wald, auf dem verschneiten Feld im Winter, während wir am Ufer des Sees sitzen, kann uns die große Kraft der Stille ergreifen. Dann öffnen sich auch in uns neue, bisher unbekannte Räume. Wir entdecken die innere Welt der Gedanken und Gefühle. Uralte Erinnerungsbilder tauchen auf. Gerüche. Klänge. Lieder. Musik. Dann ist der Engel anwesend. Er ist es, der in der Stille zu uns spricht. Er hütet den Schatz unserer Erinnerungen. In der Stille liegt eine wunderbare Kraft. Sie ist wie eine Fastenkur: Wir specken ab und verlieren die überflüssigen Pfunde.

Wenn Stille einkehrt, dann sagt man: »Ein Engel ist durch das Zimmer gegangen.« Jakob Gautel und Jason Karaindros haben einen Engeldetektor erfunden, der diese Stille im Raum registriert und durch ein Lichtsignal anzeigt. 1997 installierten sie ihren Engeldetektor bei einer Kunstausstellung in Prag. Das Lichtsignal leuchtete auf, wenn es im Raum richtig still geworden war. Je stärker wir ins Schweigen und in die Stille gehen, desto deutlicher erklingt die Stimme des Engels in unserem Herzen. Ich finde, dieser Engeldetektor ist eine wunderbare Erfindung. Er sollte zur Grundausstattung von Kindergärten und Schulen gehören. Wir brauchen sie in unseren Wohnzimmern, im Großraumabteil der Intercitys und in den Flugzeugen. Wie viel Himmlisches wird aus dieser Stille in unser Leben treten!

Die Stimme des Engels erklingt in der Stille.
Woher kommt der Ruf?
Du selbst bist es nicht.
Der Ruf kommt von ganz unten,
aus jener Tiefe deines Wesens,
die dir selbst Geheimnis ist.
Der Ruf des Engels kann überall an dich ergehen:
Hier wirst du gebraucht.
Erhebe die Stimme.
Packe mit an.
Mische dich ein.
Lass die Sonne der Liebe in dein Herz.

5. Dankbarkeit, Heiterkeit, Gelassenheit: Spirituelle Praxis

Du würdest ihn gar nicht suchen,
wenn du nicht schon zuvor gesucht worden wärest,
und nicht lieben, wenn du nicht schon zuvor geliebt worden wärest.
Die Liebe ist der Grund für das Suchen,
und das Suchen ist die Frucht der Liebe und ihr sicheres Anzeichen.

Bernhard von Clairvaux

Wenn Pater Franz betet: Engel als Parkplatzwächter und Heiratsvermittler

Eine Woche hatten Pater Franz und ich auf dem Alverna, dem heiligen Berg der Franziskaner, gelebt. Nun befanden wir uns auf der Rückreise. Die Zeit war knapp, dennoch wollten wir wenigstens für fünf Stunden die Stadt Florenz besuchen. Jeder Italienreisende weiß, dass diese Stadt zu jeder Jahreszeit und bei jedem Wetter von Touristen aus aller Welt überlaufen ist. Deshalb sagte ich zu Franz, als wir den Stadtrand erreicht hatten: »Lass uns das Auto hier parken und den Bus in die Innenstadt nehmen!«

»Nein, wir haben keine Zeit«, entgegnete er. »Ich fahre direkt ins Zentrum.«

Ich sagte, dass wir dort niemals einen Parkplatz finden würden, denn schon jetzt waren die Zufahrtsstraßen ins Zentrum rechts und links von Autos weitgehend zugeparkt. In Gedanken sah ich uns durch die Innenstadt kurven und die kurze Zeit mit einer sinnlosen Parkplatzsuche vergeuden. Franz aber vertraute den Schutzengeln und sprach während der Fahrt ein kurzes Gebet, etwa in der Art: »Ihr lieben Schutzengel, ihr wisst, dass wir noch zwei Kirchen und ein Museum besuchen wollen. Und ihr wisst auch, dass ich heute Abend in München die Messe halten muss und deshalb wenig Zeit für einen Stadtbummel habe. Also sorgt doch bitte für einen freien Parkplatz direkt am Dom.«

Da wurde direkt vor uns eine Parklücke frei. Franz vergaß nicht, den Engeln zu danken. Und noch eins tat er: Er bat den Erzengel Michael, sich mit seinem Schwert schützend vor den Wagen zu stellen und sagte: »Lieber Michael, du bist mir persönlich dafür verantwortlich, dass niemand in den Wagen einbricht!«

Als wir von unserem kurzen Stadtbesuch zurückkehrten, stand der Wagen noch immer wohlbehalten am Straßenrand. Nicht einmal ein Strafzettel hing an der Windschutzscheibe. Ein Jahr nach dem Besuch in Florenz fuhr ich mit dem Schiff nach Litauen. Das Auto wollte ich in Kiel lassen. Vor dem Hafengelände befand sich ein kostenfreier Parkplatz, auf dem viele Autos mit Kennzeichen aus Russland, der Ukraine, aus Polen, Lettland und Estland standen. An einem Wagen waren die Reifen abmontiert. Auf dem Hafengelände dagegen lag ein bewachter Parkplatz. Die Gebühr betrug sieben Euro pro Tag. Ich entschied mich, das Geld für die elf Tage zu sparen, und stellte den Wagen außerhalb des Geländes ab.

Wir waren schon auf hoher See, als mich mitten in der Nacht Zweifel überfielen: Was hätte ich gespart, wenn die Tür aufgebrochen, das Radio gestohlen oder die Winterreifen abmontiert würden? Ich bereute meine Entscheidung und konnte nicht wieder einschlafen. Da tauchte in mir die Erinnerung an

Florenz auf. Ich zögerte. Dachte, es sei vielleicht unschicklich und bat dann doch den Erzengel Michael, sich schützend für die nächsten elf Tage vor meinen Wagen zu stellen. Zum Glück war es dunkle Nacht, und niemand konnte sehen, wie sich mein Gesicht rötete. Irgendwann schlief ich ein.

Während der Reise durch das Memelland und die Dörfer der Kurischen Nehrung dachte ich nicht mehr an das Auto. Erst auf der Rückfahrt kam es mir wieder in den Sinn, und auch die Zweifel – weniger an der Rechtmäßigkeit meiner Bitte als an der Zweckmäßigkeit meiner Sparsamkeit – stellten sich erneut ein. Doch als wir Kiel erreichten und das Hafengelände verließen, stand der Wagen wohlbehalten da.

Mein Freund Franz arbeitet heute als Priester in einem winzigen peruanischen Urwalddorf, wo es weder Internetanschluss noch fließendes Wasser gibt. Ein Jahr, nachdem wir Assisi und den Alverna besucht hatten, fuhren wir nach Prag und wohnten dort im Kloster der Franziskaner. Den ganzen Tag über waren wir durch die Altstadtgassen gebummelt, hatten Kirchen und Museen besichtigt und das winzige Häuschen von Franz Kafka besucht. Abends saßen wir in einem Wirtshaus. Ich war hundemüde und drängte zum Aufbruch. Franz aber wollte noch nicht gehen. Er bestellte ein letztes Bier, das er so langsam trank, dass ich mich provoziert fühlte. Ich wurde ungeduldig, schaute auf die Uhr, blickte auf Franz. Der aber ließ sich nicht aus der Ruhe bringen und genoss das rege Treiben im Lokal. Als er den letzten Schluck getrunken hatte und wir gerade aufstehen wollten, setzte sich ein Paar an unseren Tisch. Schnell ergab sich ein Gespräch zwischen Franz und der Frau. Beide kamen aus München, beide wohnten im selben Viertel, beide besuchten am Sonntag den Gottesdienst – mit einem Unterschied: Sie kniete vor dem Altarraum, Franz teilte den Leib des Herrn aus. Worüber sich die beiden weiter unterhielten, weiß ich nicht, denn der Ehemann der Frau suchte das Gespräch mit mir. Ich aber war genervt, hörte nicht richtig zu und drängte zwischendurch Franz zum Aufbruch. Der Mann aber sagte: »Sehen Sie nicht, wie glücklich meine Frau ist?« In der Tat! Ihre Augen leuchteten. Sie erzählte von ihrer Tochter, ihrem einzigen Kind. Sie sei dreißig Jahre alt, habe ein wunderbares Examen gemacht, eine sehr gute Anstellung gefunden, nur – habe sie noch immer keinen Mann, ja nicht einmal einen festen Freund.

»Pater«, sagte sie, »wissen Sie nicht einen Rat?«

Franz antwortete: »Haben Sie schon einmal mit dem Schutzengel Ihres zukünftigen Schwiegersohnes gesprochen?«

Die Frau schaute verblüfft. Franz fuhr fort: »Sehen Sie mal: Es gibt so viele Menschen auf der Welt, tausendmal tausend und zehntausendmal zehntausend. Wie sollen sich da ihre Tochter und der für sie bestimmte Mann finden? Das ist schwierig, ja fast unmöglich. Für jeden Menschen ist es schwierig, ja fast unmöglich, allein den richtigen Partner fürs Leben zu finden. Vielleicht wohnt der Zukünftige in einer anderen Stadt oder gar in einem anderen Land? Vielleicht hat er ganz andere Vorstellungen von seiner idealen Frau? Wie sollen diejenigen, die füreinander bestimmt sind, zusammenkommen, wenn ihre Schutzengel nicht eingreifen?«

Und dann wiederholte er seine erste Frage: »Haben Sie schon einmal mit dem Schutzengel Ihres zukünftigen Schwiegersohnes gesprochen?«

»Nein«, antwortete die Frau, »natürlich nicht.« Und sie warf ihm einen Blick voller Skepsis und zugleich voller Erwartung zu, als wolle sie sagen: Das können wir Erwachsenen doch nicht im Ernst glauben. – Ja, warum eigentlich nicht? Die Frau war gelöst, heiter und beschwingt, und ihr Ehemann so glücklich über das Glück seiner Frau, dass er bat, die ganze Zeche zahlen zu dürfen.

Zwei Jahre später erzählte mir Franz: Ein Mitbruder hatte ihm Grüße von Maria und Franz-Josef ausrichten lassen. Franz konnte sich an die Namen nicht erinnern. Wer sind Maria und Franz-Josef? Die beiden, sagte der Mitbruder, hätten ihn vor einiger Zeit in Prag getroffen. Da erinnerte sich Franz an unseren Abend und das Schutzengelgespräch. Die Frau hatte seinen Ratschlag befolgt und zum Schutzengel ihres zukünftigen Schwiegersohnes gebetet.

»Und?«, fragte ich Franz.

Er sagte: »Die Tochter wird demnächst heiraten.«

Träumen und Beten:
Kann man zu Engeln Kontakt aufnehmen?

Schlafstörungen gehören zu den großen Volkskrankheiten unserer Tage. Sie zeigen, wie sehr unsere Seele unter der Unruhe des Lebens leidet. Wir kommen nicht mehr zur inneren Ruhe, unsere Seele findet keinen Frieden mehr. So sind auch unsere Träume wie unser Leben am Tag voller Unruhe. Was aber kannst du tun, damit deine Seele zur Ruhe kommt?

Beobachte dich einmal:
Wie gehst du zu Bett?
Bleibst du so lange wach,
bis du todmüde in die Kissen sinkst?
Schläfst du mit Musik ein?
Wie viel Raum gibst du deinem Engel?
Bereitest du dich auf die Begegnung mit ihm vor?

Es gibt Rituale vor dem Schlafengehen, die nicht nur der Seele unserer Kinder guttun. Sie können im Wohnzimmer mit der Lektüre eines spirituellen Buches beginnen. Wenn du deinem Engel im Traum begegnen willst, dann lies ein Buch, das deiner Seele Flügel verleiht. Lass den Tag in Ruhe und Frieden ausklingen. Nimm dir auch im Badezimmer Zeit. Hülle dich ein in einen Duft, der dich in die Nacht begleitet, streiche Lavendelöl oder eine Pflegecreme mit Wildrosenöl auf dein Gesicht.

Wenn du im Bett liegst,
dann halte inne und lasse die Ereignisse des Tages
vor deinem inneren Auge vorüberziehen.
Spüre den dunklen und den lichten Momenten des Tages
nach.
Danke für alle Erlebnisse.
Denke an Menschen, die dich begleiten:
an die lieben Freunde, die Familie und Verwandte.
Denke aber auch an die,
mit denen du nicht in Frieden leben kannst,
sei es durch eigene oder fremde Schuld.
Nimm auch sie an.
Sende ihnen deine guten Gedanken.
Segne sie.
Lerne mit dem Unerlösten zu leben
und lege alles in die Hand deines Engels,
damit er es durch seine Liebe verwandelt.
Dann tritt ein in das Reich der Nacht.

Wissenschaftler haben einmal erforscht, wie viel Zeit ein Mensch während seines Lebens mit Träumen verbringt. Es sind 20 Jahre! 20 Jahre unserer Zeit auf der Erde leben wir im Reich des Traumes und gehorchen seinen Gesetzen. Auch werden die gewohnten Denkwege des Alltags im Traum durchbrochen. Er schenkt uns Gedanken und Problemlösungen, auf die wir mit unserem Tagesbewusstsein nicht gekommen wären. So entdeckte der berühmte Chemiker Friedrich August Kekulé (1829 bis 1896) die Struktur des Benzols in einem Traum. Kekulé hatte während der Zeit seiner intensiven Suche nach der chemischen

Formel für Benzol auch nachts am Schreibtisch gesessen. In jener Nacht der Entdeckung nun hatte er lange in das Funkenspiel des Kaminfeuers geschaut. Dann war er plötzlich eingeschlafen und hatte von jener berühmten Schlange der Alchemisten geträumt, die als Ouroboros bekannt ist. Er sah ihr Bild in Kreisform. Dabei biss sich die Schlange in den eigenen Schwanz. Dann verschwand ihr Bild, und ein neues stellte sich ein. Der Chemiker sah im Traum tanzende Kohlenstoff- und Wasserstoffatome. In einer ringförmigen Ordnung kamen sie zur Ruhe – das war die Formel! Kekulé hatte die Lösung geträumt!

Träume sind für ein gesundes und kreatives Seelenleben und für körperliches Wohlbefinden wichtig. In ihnen erkennen wir uns selbst. Im Traum schenkt uns der Engel neue Ideen, er weist uns den Weg durchs Leben oder warnt uns vor Gefahren. Im Traum herrschen andere Gesetze als in der Wirklichkeit des Tages. Am Tag sind wir begrenzt durch Raum und Zeit. Wenn wir von einem Ort zum anderen fahren wollen, dann müssen wir mithilfe eines Autos, der Bahn oder eines Flugzeugs viele Kilometer reisen. Jede Reise aber braucht Zeit. Im Traum können wir Türen und Mauern durchschreiten. Wir brauchen keine Uhr mehr, um die Zeit zu messen, denn sie spielt hier keine Rolle. In Windeseile durchqueren wir Länder und Kontinente. Auch brauchen wir zur Fortbewegung keine Verkehrsmittel mehr, denn im Traum können wir wie die Engel fliegen. Träume verleihen der Seele Flügel. Der innere Mensch erhebt sich über alle Erdgebundenheit.

Engelträume:
Wenn das Leben eine neue Ausrichtung bekommt

Träume sind keine Schäume. Sie enthalten eine Botschaft. Das wussten die Menschen schon lange bevor Sigmund Freud sein Buch »Traumdeutung« (1900) schrieb. Der berühmteste Engeltraum steht in der Bibel. Es ist Jakobs Traum von der Himmelsleiter. Die Leiter ist ein Symbol für den Lebensweg. Mit ihr kann man Hindernisse überwinden. Es kann aber auch gefährlich werden, auf eine Leiter zu steigen: Man kann auf ihren Sprossen danebentreten und abstürzen. In seinem Traum sieht Jakob die Engel hinauf- und hinabsteigen. Die Botschaft des Traumes könnte also lauten: Vorsicht, im Leben und auf der Karriereleiter geht es nicht immer nur hinauf! Bereite dich auf Niederlagen vor. Sie bleiben niemandem erspart. Doch egal, ob es in deinem Leben hinauf oder hinab geht: die Engel werden immer an deiner Seite sein!

Auch Josef, Jakobs Sohn, ist ein begnadeter Träumer und Traumdeuter. Er träumte von den Gestirnen. Sonne, Mond und elf Sterne verneigten sich vor ihm. Als seine elf Brüder von dem Traum hörten, wurden sie eifersüchtig und warfen Josef in einen leeren Brunnen. Dort unten in der Tiefe begann sein neuer Lebensweg. Er musste durch viele Höhen und Tiefen, der Weg ging hinauf und hinab. Doch am Ende stand Josef als zweiter Mann neben dem König von Ägypten. Die Brüder kamen und verneigten sich vor ihm – so wie es Josef im Traum gesehen hatte.

Nicht jeder Traum ist ein Engeltraum. Doch wenn wir im Innersten berührt werden, wenn unser Leben eine neue Ausrichtung bekommt, wenn uns eine Lösung für ein altes Problem endlich zufällt, dann hat der Engel zu uns gesprochen.

Von einem Engeltraum berichtet Andreas Austlid, der norwegische Sammler von Engelgeschichten. Er hatte ihn als vierjähriges Kind selbst geträumt: Der Knabe spielte eines Tages auf dem Hofplatz seines Elternhauses. Da sah er auf der Eberesche vor dem Haus ein kleines Tier, wahrscheinlich ein Eichhörnchen, das auf die Erde sprang und in den Wald lief. Das Kind stellte ihm nach, konnte es aber nicht einholen. Schließlich verschwand das Tier unter einem Baumstamm. Als das Kind nun nach Hause gehen wollte, stellte es fest, dass es sich verirrt hatte. Es weinte. Dann legte es sich erschöpft in eine kleine, mit Gras bewachsene Mulde und schlief ein. Jetzt träumte es von einem Engel. Er stand in schneeweißer Kleidung vor ihm und trug einen goldenen Gürtel um den Leib. Der Engel löste den Gürtel, reichte ihm das eine Ende und sagte, er solle zugreifen, dann komme er in den Himmel. Da erwachte er und sah seinen Vater über den Hang auf sich zukommen. Neben seinen Füßen aber lag eine giftige Kreuzotter und starrte ihn an. Im gleichen Moment hob der Vater das Kind auf. Die Otter verschwand im Gebüsch.

Engelgebete: Von guten Mächten wunderbar geborgen

Bei vielen Menschen beobachte ich immer wieder eine regelrechte Sucht, alles perfekt zu machen oder nur das Beste zu wollen: Eltern schicken ihre Kinder zum besten Nachhilfelehrer der Stadt. Wenn sie selbst zum Arzt gehen, dann muss es die größte Koryphäe vor Ort sein. Der Cappuccino wird in der besten Café-Bar getrunken und die Pasta oder Pizza beim Spitzenitaliener bestellt. Doch hinter jeder Sucht steckt eine Sehnsucht. Der Engel ist die Antwort auf diese Sehnsucht. Er ist der Arzt, der die Gier nach Leben heilt. Engel heilen die Sucht des Perfektionismus. Ihre Botschaft lautet: Sorge dich nicht, sondern liebe! Du bist geliebt von Gott. Du bist gewollt. Liebe!

Viele Menschen, die von Engeloffenbarungen hören, fragen sich: Was muss ich tun, um mit meinem Engel in Kontakt zu treten? Ich möchte dann am liebsten zurückfragen: Was muss ich tun, um nicht mit meinem Engel in Kontakt zu treten, denn überall begegnen uns Engel. Wir brauchen keine Engelspezialisten und Engelmedien. Wir haben ja ihn, den Schutzengel, der uns als liebender Freund durch das Leben begleitet. Warum machen wir eigentlich alles so kompliziert? Warum vertrauen wir nicht einfach der Kraft unserer Gefühle? Warum folgen wir nicht unserer Intuition? Warum lassen wir uns nicht einfach vom Engel inspirieren?

Engel brauchen keine Mittler. Das Wort »Engel« kommt vom griechischen Wort »angelos«, was so viel wie »Medium«, »Mittler« oder »Bote« bedeutet. Engel sind für die direkten Wege zwischen Himmel und Erde zuständig. Sie machen jeden weiteren Vermittlungsdienst überflüssig. Sie sind der »direkte Draht« nach oben und zu der Tiefe der eigenen Seele. Alles andere ist einfach »doppelt gemoppelt«.

Ein wunderbares altes deutsches Engelgebet hat der Musiker Engelbert Humperdinck (1854 bis 1921) in seiner Oper »Hänsel und Gretel« (1983) vertont. Es lautet:

Abends, wenn ich schlafen geh,
vierzehn Engel um mich steh´n,
zwei zu meinen Häupten,
zwei zu meinen Füßen,
zwei zu meiner Rechten,
zwei zu meiner Linken,
zweie, die mich decken,
zweie, die mich wecken,
zweie, die mich weisen
ins herrliche Paradeisen.

Von vierzehn Engeln umgeben zu sein, ist eine wunderbare Vorstellung. Wenn sie um das Bett stehen und über dem Schlafenden schweben, dann bilden sie eine Aura der Geborgenheit, in der man sich einfach wohlfühlt. Die Botschaft der vierzehn Engel lautet: Wo du stehst, wohin du auch gehst, ob du wachst oder schläfst – du kannst nicht aus der Liebe deines Engels fallen.

Die Engel sind aber nicht nur Wegbegleiter auf der Erde. Sie kommen wie wir aus dem großen unsichtbaren Reich. Sie sind wie wir Kinder des Himmels. Eine ihrer wichtigsten Aufgaben ist es, uns immer wieder neu daran zu erinnern, dass wir nicht nur von dieser Welt sind. Deshalb sind vielen Menschen die beiden letzten Engel in dem alten Kindergebet die liebsten. Von ihnen heißt es, sie weisen uns den Weg ins herrliche Paradies. Engel spannen über unserem Leben den Himmel der Liebe aus zeigen uns eine andere Welt. Sie lenken unsere Blicke himmelwärts, sie lassen uns aufschauen, sie wollen, dass wir erhobenen Hauptes durch das Leben gehen. Sie erinnern uns an unseren Ursprung: Wir kommen vom Himmel und kehren in ihn zurück.

Dieses alte Engelgebet hat unzähligen Menschen in guten und in bösen Tagen Trost gespendet. Bernhard Fürst von Bülow (1849 bis 1929) erzählt in seinen Erinnerungen mit dem Titel »Denkwürdigkeiten«, wie er als Kind jeden Abend vor dem Einschlafen das alte Kindergebet von den vierzehn Engeln betete und wie es ihn ein Leben lang begleitete. Auch heute noch ist es ein schönes Geschenk, seine Kinder, Enkelkinder, Nichten oder Neffen ein Engelgebet zu lehren. Das alte Kindergebet begleitete auch Dietrich Bonhoeffer (1906 bis 1945). Als er Weihnachten 1944 im Gefängnis saß, inspirierte es ihn zu dem bekannten Engelgebet von den guten Mächten:

Von guten Mächten wunderbar geborgen
erwarten wir getrost, was kommen mag.
Gott ist mit uns am Abend und am Morgen,
und ganz gewiss an jedem neuen Tag.

Dietrich Bonhoeffer schrieb es für seine junge Verlobte und schickte es ihr als Weihnachtsgeschenk. In dem Begleitbrief vom 19. Dezember 1944 spricht er von der wunderbaren

Erfahrung der Geborgenheit, die keine Macht der Welt zerstören kann: »Aber ich habe immer wieder die Erfahrung gemacht, je stiller es um mich herum geworden ist, desto deutlicher habe ich die Verbindung mit Euch gespürt. Es ist, als ob die Seele in der Einsamkeit Organe ausbildet, die wir im Alltag kaum kennen. So habe ich mich noch keinen Augenblick allein und verlassen gefühlt. Du, die Eltern, Ihr alle, die Freunde und Schüler im Feld, Ihr seid mir immer ganz gegenwärtig. Eure Gebete und guten Gedanken, Bibelworte, längst vergangene Gespräche, Musikstücke, Bücher bekommen Leben und Wirklichkeit, wie nie zuvor. Es ist ein großes unsichtbares Reich, in dem man lebt und an dessen Realität man keinen Zweifel hat. Wenn es im alten Kinderlied von den Engeln heißt: ›zweie, die mich decken, zweie, die mich wecken‹, so ist diese Bewahrung am Abend und am Morgen durch gute unsichtbare Mächte etwas, was wir Erwachsenen heute nicht weniger brauchen als die Kinder. Du darfst also nicht denken, ich sei unglücklich.«

Geborgenheit entsteht aus der beglückenden Erfahrung: Wir sind niemals allein. In uns lebt eine Kraft, die alle Mauern durchdringt. Aus unserem Herzen fließen Energieströme, die wie eine unsichtbare Botschaft alle Grenzen überwinden und in jeden Winkel der Erde vordringen. In uns gibt es ein inneres Reich, eine unsichtbare Welt. Durch sie sind wir mit unseren sichtbaren und unsichtbaren Freunden und Wegbegleitern verbunden.

Geborgenheit ist Friede des Herzens.
Geborgenheit entsteht durch Annahme des Schicksals.
Geborgenheit ist Aussöhnung mit dem Leben.
Wer sich geborgen weiß,
der wird gelassener in den Stürmen des Lebens.
Das Gebet zu den Engeln schenkt diese Gelassenheit.

Gelassenheit brauchen wir nicht nur im Umgang mit uns selbst, sondern vor allen Dingen im Umgang mit anderen Menschen. Als ich einmal Streit mit einem Menschen hatte, empfahl mir eine alte Freundin, ich solle doch zu dem Schutzengel dieses unliebsamen Zeitgenossen beten, damit er uns beiden einen Weg des Gesprächs weise. Zuerst fand ich den Vorschlag etwas befremdlich, doch dann probierte ich es einfach aus.

Beten heißt, das eigene Leben hinhalten, deinem Schutzengel die Hand reichen, ihm, der dich schon vor deiner Geburt gefunden hat. Dein Schutzengel begleitet dich seit vielen Jahren. Was sollte ihm fremd sein an dir? Er kennt dein Geheimnis.

Wo du gehst oder stehst,
ob du wachst oder schläfst –
stets ist dein Engel neben dir
zur Rechten und Linken,
er steht vor dir und hinter dir,
er fliegt über dir und unter dir.
Aus seiner Liebe kannst du niemals fallen.
Immer ist er es,
der dich umhüllt
mit dem Mantel der Liebe,
er,
der nicht schläft und
niemals müde wird,
dir zur Seite zu stehen.

6. Loslassen kann man lernen: Kinder haben einen Schutzengel

Sagt mir doch nicht
Es gäbe keine Engel mehr
Wenn ihr die Liebe gekannt habt
Ihre rosigen Flügelspitzen
Ihre eherne Strenge

Marie Luise Kaschnitz

Was nicht in der PISA-Studie steht: Der Schutzengel als Erzieher

»Wir wollen nur das Beste für dich!« Mit diesem Spruch reagieren Eltern, wenn ihnen die Argumente ausgehen. Woher wissen sie, welcher Weg für ihr Kind der richtige oder gar der beste ist? Sie lassen sich von Erziehern, Lehrern und Psychologen beraten. Sie studieren Profile und Kompetenzkataloge der Schulen, und wenn der Leidensdruck größer wird, lassen sie eine Familienaufstellung vornehmen. Warum suchen sie nicht auch das Gespräch mit dem Schutzengel ihres Kindes? Gewiss würden sie viel gelassener die alltäglichen Sorgen und Konflikte durchstehen, wenn sie auch in dunklen Stunden darauf vertrauen könnten, dass der Engel mit ihrem Kind etwas vorhat. Sie glauben, sein Weg wird in die Irre führen und in einer Sackgasse enden. Sie fühlen sich ohnmächtig. Ihr Rat scheint nicht gefragt. Sie glauben, ihr Kind nicht vor schlimmen Erfahrungen bewahren zu können, aber sie könnten mit seinem Schutzengel sprechen. Wir dürfen darauf vertrauen, dass er unsere Kinder auch auf den dunkelsten Wegen niemals alleinlassen wird. Sie werden ihren eigenen Weg finden und ihn sicher gehen.

Du sagst,
du wagst nicht,
eine Bitte an deinen Schutzengel zu richten,
du betest nicht zu ihm,
du sprichst nicht mit ihm,
du weißt nicht, wie man das macht.
Fang einfach an.
Frage nicht, ob es richtig oder schicklich ist.
Öffne dein Herz, sprich und bekenne,
er wird dich führen.

Jeder Mensch ist einmalig. Niemand bestreitet diesen Grundsatz. Warum aber handeln Eltern, Erzieher und Lehrer nur selten danach? Vielleicht, weil erzieherisches Wirken jene geistige Größe verlangt, die sich nicht allein auf Schulwissen, sondern vor allen Dingen auf Weisheit gründet. Jedes Kind hat seine Bestimmung und seinen Auftrag. Gott hat mit jedem Menschen etwas Neues vor. Davon steht nichts in der PISA-Studie, obwohl dieser Blick auf den »höheren Auftrag« für alle Fragen der Erziehung und Begleitung von Kindern grundlegend ist. Mit jedem Kind wird die Welt neu geboren. Kinder wachsen über uns hinaus in die kommende Welt.

Die erste Waldorfschule wurde am 21. August 1919 auf der Uhlandshöhe in Stuttgart eröffnet. Sie hat ihren Namen vom Kommerzienrat Emil Molt, der der Besitzer der Waldorf-Astoria Zigarettenfabrik in Stuttgart war. In Dornach hatte Emil Molt einen Vortrag von Rudolf Steiner gehört. Dieser regte ihn dazu an, eine Schule für die etwa 200 Kinder seiner Arbeiter und Arbeiterinnen zu gründen. Molt beauftragte Steiner mit der Erarbeitung des Schulprogramms – die erste Waldorfschule war geboren. Heute gibt es allein in Deutschland über 170 Schulen. Überall in der Welt kommt es zu neuen Gründungen. Selbst in der muslimisch geprägten Kultur Tadschikistans wurde jetzt eine Waldorfschule eröffnet.

In Dornach, das etwa zehn Kilometer südlich von Basel liegt, hatte Molt das Zentrum der Anthroposophie besucht. Hier wurde Rudolf Steiner ein Hügel und ein größeres Stück Land geschenkt, auf dem er seine Ideen verwirklichen konnte. So ließ er zwischen 1913 und 1920 einen gewaltigen Holzbau mit zwei Kuppeln errichten, das Goetheanum. Aus der Gründungszeit dieses Zentrums der Anthroposophie gibt es eine schöne Engelgeschichte: In Dornach hatten sich viele freiwillige Helfer für die Arbeit am Goetheanum eingefunden. Auch ein Herr von Mutach wollte seine Arbeitskraft zur Verfügung stellen. Zuerst suchte er nach einer Unterkunft in der Nähe der Baustelle. Er klingelte an einem Haus in Sichtweite des Baus. Eine freundliche Frau öffnete ihm, sagte, sie könne ihm ein Zimmer freiräumen, doch nicht sogleich, weil dort gerade ihre kleine Tochter schlafe. Der Herr solle in einigen Stunden wiederkommen, dann sei alles bereit.

Herr von Mutach aber weigerte sich zu gehen. Zur großen Verwunderung der Frau betrat er sogar ohne Erlaubnis das Haus, drängte sich an ihr vorbei, stieg die Treppe zum ersten Stockwerk empor und öffnete die Tür, hinter der das Kind schlief. Gerade zur rechten Zeit, denn das Mädchen lag mit blauem Gesicht im Bett und drohte zu ersticken. Er riss es hoch, schüttelte es, und ein Knopf fiel aus der Kehle des Mädchens. Die Mutter war dem Besucher gefolgt. Beide schauten einander sprachlos an.

Engel greifen in unser Schicksal ein. Sie retten und bewahren. Sie haben aber auch eine erzieherische Aufgabe. In seinem

Vortrag »Was tut der Engel in unserem Astralleib?« stellt Rudolf Steiner seine Engellehre in engen Zusammenhang mit dem erzieherischen Auftrag zur Menschenführung, den er als seine eigene Berufung empfand. Der Mensch wird von den Engeln geführt, ob er es weiß oder nicht. Die Wissenden oder Erwachten aber können zu Partnern der Engel werden. Am Ende der Zeiten bilden sie den zehnten Chor der Engel, so Rudolf Steiner.

Seiner Ansicht nach stehen den Erwachten die Schlafenden gegenüber. Sie wissen nichts von der Führung der Engel und der Wirklichkeit der höheren Welten. Steiners Anthroposophie richtet sich an beide Menschengruppen, denn er ist von der Erziehbarkeit des Menschen überzeugt. Menschen müssen nicht diejenigen bleiben, die sie gewesen sind. Steiner sieht eine Wesensgliederung des Menschen in Leib, Seele und Geist, und er lehrt die Dreiteilung des Menschen in einen physischen Leib, einen Ätherleib und einen Astralleib.

Die Engel haben nun die Aufgabe, Impulse für unsere Lebensführung zu geben. Sie wirken zuerst einmal im Traum. Nach seiner Ansicht wird jeder Mensch im Traum durch den Engel berührt. Rudolf Steiner sagt, der Engel trete in Kontakt mit dem Ätherleib seines Menschen.

Anthroposophie ist ein Übungsweg zur Wahrnehmung der Engelwelt und zur Achtsamkeit für ihr Wirken. Vor dem Schlafengehen empfiehlt Steiner ein kurzes Innehalten, in dem die Ereignisse des Tages mit wachem Geist betrachtet werden. Jeder Mensch werde dabei auf ein kleines oder großes Erlebnis stoßen, das in sein Leben eingetreten ist. Steiner ist sich sicher: Kein Tag vergeht, an dem nicht ein Wunder geschieht. Auch die Frage, was heute alles hätte passieren können, führt seiner Ansicht nach zu einer Tiefenerfahrung von Führung: »Von der Beobachtung des Negativen in unserem Leben, das aber von der weisheitlichen Führung unseres Lebens Zeugnis ablegen kann, bis zu der Beobachtung des webenden und wirkenden Engels in unserem astralischen Leibe ist ein gerader Weg, ein recht gerader Weg, den wir einschlagen können.«

Vor allen Dingen ist für Rudolf Steiner aber das Gebet zum Schutzengel wichtig, in dem man um rechte Lebensführung und Erkenntnis bittet. Das folgende Engelgebet stammt von Steiner. Eine alte Dame, die ihn noch persönlich gekannt hat, betete es jeden Abend vor dem Einschlafen. Ich lernte diese Frau auf einer Engeltagung kennen. Auf meine Bitte hin schrieb sie mir das Gebet auf:

Himmlischer Freund, mein Engel,
der du mich zur Erde geleitet hast,
der du mich durch die Pforte des Todes bringen wirst,
der du die Wege kennst seit Jahrtausenden:
höre nicht auf,
mich zu erschaffen,
mich zu erhellen,
mir zu raten,
dass ich aus dem webenden Schicksalsfeuer
hervorgehe als ein stärkeres Schicksalsgefäß
und mich zu durchdringen vermag
mit dem Sinn der göttlichen Weltenziele.

Ein besonders schönes Gebet heißt »An die Schutzengel meiner erwachsenen Kinder«. Der Verfasser ist unbekannt. Dieses Gebet ist eine kleine Übung im Loslassen für Eltern, Erzieher und Lehrer:

Ich spreche zu den Schutzengeln meiner erwachsenen Kinder:
Seid ihr immer noch bei ihnen und habt ihre Wünsche in euren Händen?

Wisst ihr etwas von ihrer kampferfüllten Einsamkeit?
Und wenn sie nun euch und das Leben überhaupt ablehnen,
wendet ihr euch dann ab und grollt ihnen,
oder bleibt ihr trotzdem bei ihnen?
Sie brauchen euch, mehr noch als damals, als sie klein waren,
sie brauchen euch ganz dringend!
Denn die Jugend ist die schwerste Zeit.
Alles muss eigenhändig geregelt werden, man muss sich freikämpfen,
alles selbst durchdenken, und von den Engeln will man nichts wissen.
O ihr Schutzengel meiner erwachsenen Kinder!
Bleibt bei meinen erwachsenen Kindern, ihr Engel!
Helft ihnen, im Gestrüpp zu wandern und den rechten Weg zu finden,
ihren eigenen Weg!

Von der Gestalt der Engel: Drei Kinderfragen

Am 27. März 2002 wurde in der Wochenzeitung »Die ZEIT« das letzte Interview veröffentlicht, das die Herausgeberin Marion Gräfin Dönhoff zu Lebzeiten gegeben hat. Das Thema waren Engel. Auf die Frage, ob Marion Dönhoff an einen persönlichen Schutzengel glaube, antwortete sie: »Natürlich gibt es ihn. Ich habe einen ganz eigenen Schutzengel. Davon bin ich überzeugt.« Dann wurde sie gefragt, ob ihr Schutzengel männlich oder weiblich sei. Sie erwiderte, sie stelle sich ihren Schutzengel nicht konkret vor. »Ich habe einfach die Gewissheit, dass mein Schutzengel da ist.«

Es gibt Menschen, die haben wie Marion Gräfin Dönhoff keine bestimmte Vorstellung von dem Erscheinungsbild eines Engels. Anderen ist es wichtig, ein ganz konkretes Bild vor Augen zu haben. Einige lieben die Engelbilder von Paul Klee. Auf ihnen ist ihre Gestalt nur angedeutet. Andere wiederum mögen die lieblichen weiblichen Engelgestalten von Fra Angelico oder Sandro Botticelli. Es gibt auch Maler, die von sich behaupten, sie könnten die Aura eines Schutzengels sehen und zeichnen. Zu ihnen gehört Jutta Ströter-Bender. Ihre Kundinnen hängen sich das Bild ihres Engels ins Schlaf- oder Arbeitszimmer.

Wenn man sich einmal in Ruhe die Engelbilder in unseren Museen, auf Postkarten, Postern oder in Bildbänden anschaut, dann fällt auf: Die von den Künstlern gemalten Engel haben oft große weiße Flügel oder kleine bunte Flügelchen. Sie haben langes blondes Haar. Ein weich fallendes Gewand bildet meist ihre Kleidung. Gestalt und Gesichtszüge sind fast immer weiblich. Doch woher wissen eigentlich die Maler, wie Engel aussehen? Niemand hat sie jemals fotografieren können. Engel sind geistige Wesen. Sie leben in einer anderen Welt mit eigenen Gesetzen. Dennoch stellen sich beinahe von selbst Fragen ein, wenn wir über das Erscheinungsbild der Engel nachdenken: Brauchen Engel Flügel? Sind Engel weiblich oder männlich? Wie alt können Engel werden?

Fragen dieser Art werden oft von Kindern gestellt. Erwachsene scheuen sich, so konkret zu fragen. Sie schämen sich. Warum eigentlich? Auch Erwachsene waren einmal Kinder. Die Kindheit hat uns geprägt. Wir sind älter und reifer geworden, äußerlich und innerlich gewachsen, doch in jedem von uns lebt das Kind weiter, das wir einst gewesen sind.

Brauchen Engel Flügel?

Engel beflügeln die Gedanken. Wenn sie erscheinen, bekommt das Leben etwas Schwebendes, einen Moment der Klarheit, einen Hauch von Ewigkeit. Darauf spielt auch die Antwort auf die Frage »Warum können Engel fliegen?« an. Im Volksmund heißt es: »Weil sie das Leben leicht nehmen.« Biologen haben herausgefunden, dass die Flügel der Engel, wie man sie sich so vorstellt, zum Fliegen untauglich wären. Sie sind also nicht als Flughilfe zu verstehen. Schon Hildegard von Bingen sagte, dass Flügel ein Symbol für die beflügelten Gedanken und Gefühle sind, mit denen Engel uns inspirieren. Sie sind ein Symbol für die Flügel des Glaubens und die Flügel der Herzenssehnsucht. Viele Maler zeichneten die Flügel, um die innere und äußere Bewegtheit der Engel darzustellen. Vor allen Dingen aber sind Flügel ein Ausdruck des Schutzes und der Geborgenheit, die durch die Gegenwart eines Engels erfahren wird. In vielen Liedern ist deshalb davon die Rede:

Sei mir gnädig, Gott, sei mir gnädig;
denn auf dich trauet meine Seele,
und unter dem Schatten deiner Flügel
habe ich Zuflucht,
bis das Unglück vorüber gehe.

Psalm 57,2

Schutzengel haben ein Flügelpaar. Die Seraphim und Cherubim tragen jeweils drei Flügelpaare: Mit einem bedecken sie ihren Leib, mit einem zweiten ihr Gesicht und mit dem dritten bewegen sie sich, durchflutet von der Liebe Gottes. Ihre Flügel sind ein Symbol für das Geheimnis der Mitte. Sie liegt wie von Flügeln geschützt im innersten Herzensraum.

Putten oder Putti sind Kinderengel. Ihr Name leitet sich aus dem toskanischen Dialektwort »putto« ab, einem Kosewort, mit dem Großmütter und Mütter die kleinen Kinder rufen. Wer die Kinderliebe der Italiener kennt, ahnt, dass die Putten ein Inbegriff des Liebenswerten sind. Wer wollte auch bestreiten, dass auf jedem lächelnden Säugling oder kleinen Kind ein Abglanz des Himmels liegt? Die Botschaft der Putten verweist auf das göttliche Kind, das auch in unserer Seele geboren werden will.

Sind Engel weiblich oder männlich?

In der Morgendämmerung der Schöpfung, so erzählen alte jüdische Legenden, blickten einige Engel vom Himmel herab auf die Erde. Sie sahen wunderschöne Frauen, verliebten sich in sie und zeugten mit ihnen Kinder. Semjasa war der Anführer dieser »gefallenen Engel«, die nach dem Bericht der Bibel (Genesis 6) eindeutig männlichen Geschlechtes sind. Wie stark der Bericht vom Engelsturz nachhallte, beweist Paulus in einem seiner Briefe an die Gemeinde von Korinth. Offenbar hatte er Sorge, dass es wieder zu himmlischen Verwirrungen kommen könnte, und so empfiehlt er, jede Frau sollte um der Engel willen während des Gottesdienstes eine Kopfbedeckung tragen. Auch die Muslime kennen Geschichten vom Engelsturz und so gibt es auch für die Verschleierung der Frauen in den islamischen Ländern die Erklärung »um der Engel willen«.

Die Engelgestalten in der Kunst schillern zwischen den Geschlechtern. Der Engel Michael wird als männlicher Kämpfer dargestellt. Gabriel dagegen hat immer feminine Züge. Auch in der Bibel hat das Bild vom Engel viele Facetten. Wenn Jesus von den Engeln spricht, dann denkt er an liebende Wesen, die über alle Fragen der Geschlechtlichkeit erhaben sind.

Engel sind Liebende. Sie wachen über die Liebenden und sorgen dafür, dass die Liebe mehr ist als eine rein körperliche Begegnung. In jedem tiefen Liebeserlebnis ist auch der Himmel gegenwärtig. Vielleicht wollte dies die Geschichte vom Engelsturz ursprünglich sagen. Dann ginge es ihr um eine tiefe Erfahrung des eigenen Seins, um eine Liebe, die so stark und intensiv ist, dass sich durch sie der Himmel öffnet, um das Leuchten in den Augen der Geliebten, um den Gesang, in den wir plötzlich einstimmen, weil wir ergriffen worden sind. Liebe ist Hingabe. Besonders der Schutzengel ist der Inbegriff einer reinen Liebe, die selbst in den schwersten Krisenzeiten des Lebens den Geliebten nicht aufgibt.

Wie alt können Engel werden?

Das Alter eines Menschen erkennen wir an seiner Haltung, dem Zustand seiner Haut, dem Gesichtsausdruck und anderen Zeichen der Zeit. Engel altern nicht, weil sie im Licht der Ewigkeit Gottes wohnen. Ihr äußeres Erscheinungsbild leuchtet aus dieser unvergänglichen Schönheit. Engel sind die Kinder des Lichtes. Auch der Schutzengel eines Menschen ist alterslos. Er führt seinen Menschen durch die sichtbare Welt in Zeit und Raum bis zur Schwelle der Ewigkeit. Wenn der Mensch diese Schwelle überschritten hat und seinem Schutzengel begegnet, dann lebt auch er in jener alterslosen Atmosphäre, aus der die Engel schon jetzt wirken, davon bin ich überzeugt.

Engel sind unsichtbare Freunde: Die Taufe

Johannes, mein erstes Kind, wurde am 24. Juni 1982 geboren. Obwohl ich Mitglied der Kirche war, habe ich ihn damals nicht sogleich taufen lassen. Ich dachte: Mein Kind soll sich später mal selbst entscheiden, ob es getauft werden will! Es war eine Zeit, da wehrten sich viele junge Eltern bewusst gegen die Kindertaufe. Sie befürchteten eine Bevormundung ihres Kindes. Den Großeltern war die Entscheidung nicht recht. Oma Irene sagte zu mir: »Und was ist, wenn das Kind stirbt?« Ich verstand zuerst die Frage nicht. Dann begriff ich: Wenn ungetaufte Kinder sterben, dann kommen sie nicht in den Himmel, sondern in die Hölle, das hatte Oma Irene als Kind in der Katechese so gelernt, und es bedrückte sie. Ich dachte anders, weil ich gelernt hatte, dass Jesus keine Kinder, sondern Erwachsene getauft hatte. Zum Glück ändern wir unsere Einstellung im Lauf des Lebens immer wieder.

Jesus selbst wurde im Alter von dreißig Jahren von Johannes getauft. Auf zahlreichen Bildern von dieser Taufe sind Engel dargestellt worden, denn in der Kirche hatte sich die Vorstellung entwickelt, dass der Mensch erst mit der Taufe einen Schutzengel bekommt. Auch als die Kindertaufe üblich wurde, glaubte man, nur getaufte Kinder bekämen einen Schutzengel. In zahlreichen Kirchen wurde dieser Engel dargestellt: Als Taufengel schwebte er an einem Seil unter dem Kirchendach. In den Händen hielt er die Taufschale. Während der Taufe wurde er von der Decke herabgelassen. Viele Taufengel sind überlebensgroß, manche haben eine Flügelspannweite von über zwei Metern. Der schönste aller Taufengel schwebt in der Kirche von Hohenfelde. Er ist weiblich und, wie der runde Bauch deutlich zeigt, im neunten Monat schwanger. Welche Wonne und Glückseligkeit mag es für die Kinder sein, in der Gegenwart eines Taufengels das Sakrament zu empfangen! Das hallt ein Leben lang in der Seele nach und mag über manche dunkle Stunde tröstend hinweghelfen.

Schutzengel sind für alle Kinder da.
Über jedem Neugeborenen breiten sie ihre Flügel aus
und sprechen ein Segenswort:
Wir Engel freuen uns mit deinen Eltern,
dass du auf der Welt bist!
Du bist unendlich geliebt und
kannst aus dieser Liebe niemals fallen!
Alles ist Gnade,
fürchte dich nicht!

Gewiss hat jedes Kind auch ohne Taufe einen Schutzengel. Und doch gibt es für mich inzwischen nichts Schöneres und

Bewegenderes als eine Kindertaufe. Heute hätte ich keine Hemmungen mehr, mein Kind gleich nach der Geburt taufen zu lassen. Warum soll ich warten, bis es sich eines Tages selbst für oder gegen den Glauben entscheidet? In allen wichtigen Bereichen des Lebens muss ich doch auch Entscheidungen für mein Kind treffen. Ich überlasse ja die Wahl des Kindergartens, des Fernsehkonsums oder der Schlafenszeit auch nicht meinem kleinen Kind. Vor allen Dingen aber schenkt die Taufe mir selbst die Geduld und die Gelassenheit, die ich brauche, um mein Kind auf seinem Weg ins Leben zu begleiten.

Ich bin für mein Kind verantwortlich. Aber es gehört mir nicht. Es ist mir anvertraut. Eines Tages werde ich es loslassen müssen. Wie gut, wenn ich es dann in der Geborgenheit seines Engels weiß. Dieses Urvertrauen kommt sehr schön in den alten Worten des Schutzengelpsalms (Psalm 91,11–12) zum Ausdruck. Ich habe sie schon einmal zitiert. Sie sind ein wunderbarer Taufspruch:

Denn er hat seinen Engeln befohlen,
dass sie dich behüten auf allen deinen Wegen,
dass sie dich auf den Händen tragen
und du deinen Fuß nicht an einen Stein stoßest.

Die Liebe zwischen Engel und Kind endet nie. Was immer kommt, wir können aus dieser Liebe nicht fallen. An den Engel glauben, heißt Loslassen lernen:

Deine Kinder gehören dir nicht,
aber sie sind dir anvertraut.
Sie hören die Stimme ihres Schutzengels.
Wollen sie dem Ruf des Engels folgen,
so lass sie in Frieden ziehen
und versuche sie nicht zu halten.
Doch entlasse sie nicht ohne deinen Segen.

7. Wegbegleiter im Jahreslauf: Vom Prozess des Reifens

Wenn du deinen Engeln traust,
dann wirst du entdecken,
wer du eigentlich bist
und wozu du fähig bist.

Anselm Grün

Frühjahr: Gabriel, Engel der Geburt

Alles Lebendige folgt einem Rhythmus: Die Pflanzen keimen, knospen, blühen auf und verwelken wieder. Der junge Fuchs verlässt den Bau und sucht sich eine Gefährtin. Blaumeise und Zaunkönig bauen ihr Nest und füttern ihre Jungen. Im Spätsommer verlassen die Zugvögel ihre Brutplätze in der Arktis und fliegen nach Afrika, um dort zu überwintern. Blauwale ziehen durch den Pazifischen Ozean von Patagonien nach Alaska. Wer weist ihnen den Weg? Wer begleitet unseren Wachstumsprozess? Unsere Kinder besuchen den Kindergarten und die Grundschule. Sie machen einen Schulabschluss, gehen in die Lehre oder studieren. Sie heiraten, bekommen eigene Kinder, werden eines Tages Großeltern. Auch ihr Leben folgt einem Rhythmus. Der Rhythmus ist das Wiederkehrende in unserem Leben. Wenn wir aus dem Rhythmus kommen, dann hängen wir durch. Wir verlieren die Orientierung. Im Rhythmus zu sein, schenkt Lebensfreude und Kraft. Wer den seinen gefunden hat, ist mit sich selbst im Gleichgewicht. Er hat eine innere Balance. Alles Lebendige folgt einem Rhythmus: Frühling, Sommer, Herbst und Winter – das ist Aussaat, Aufblühen, Ernte und Brache. Im Kreislauf des Jahres spiegeln sich unser Lebenslauf und der Prozess des Reifens. Wer sich dem Rhythmus des Lebens anvertraut, wird von Engelsflügeln getragen, denn Engel wirken auch durch die Naturkräfte. Sie sind das Licht und der Rhythmus des Lebens, der Atem, der in uns pulsiert und uns in Bewegung hält. John Henry Newman sagt daher:

Aber jedes Lüftchen,
jeder Strahl von Licht und Wärme,
jedes Aufschimmern von Schönheit
ist gleichsam nur der Saum des Gewandes,
das Rauschen des Kleides jener,
die Gott von Angesicht zu Angesicht schauen.

Eine der wichtigsten und fruchtbarsten Zeiten für das Wirken der Engel ist das Frühjahr. Die ersten Schneeglöckchen blühen, bald keimen Krokusse und Narzissen. Überall wirken Wachstumskräfte, und die Engel des Frühjahrs sind mitten unter ihnen. Gabriel ist der Engel des Frühjahrs. Am 24. März, im Sternzeichen Widder, soll er zu Maria gekommen sein. Sie wurde schwanger, und das Kind wuchs unter ihrem Herzen. Dieses Kind ist Jesus, ist Gott. Es will in jedem Herzen geboren werden. Seine Botschaft lautet: Gott ist der Keim des Lebens, Gott ist die Knospe, Gott ist die Blüte, Gott wächst in dir!

Gabriel ist der Engel der Geburt. Deshalb haben ihn die Maler mit weiblichen Zügen ausgestattet. Ihm sind der Mond und der Montag zugeordnet. Mit Michael, Raphael und Uriel gehört er zu den vier Engelfürsten der jüdischen Mystik. Sein Name bedeutet »Gott hat sich stark gezeigt«. Nach jüdischer Lehre gilt Gabriel auch als Hüter des Paradieses. Das ist kein

Zufall, denn der Garten Eden ist ein Symbol für den Mutterschoß. Gabriel ist zuständig für den Schutz des Lebens und für Erziehungsaufgaben. In der christlichen Tradition war er es, der dem Propheten Daniel göttliche Offenbarungen übermittelte und die drei Jünglinge aus dem Feuerofen rettete. Mit Michael und Raphael besuchte er Abraham und Sara, um die Geburt des Sohnes Isaak anzukündigen. Der junge Joseph wurde von ihm mit himmlischer Weisheit unterrichtet, so berichten es jüdische Legenden. In der Natur bringt er die Früchte zur Reife.

Gabriel verkündigt die Geburt des göttlichen Kindes.
Er war dabei,
als Gottes Liebe dich ins Leben rief.
Sanft trug dich der Schutzengel in den Mutterleib,
damit du eine menschliche Gestalt annähmest,
die dich auf deiner Reise durch das Leben schützen soll.

Gabriel ist auch der Engel der Freude, der Gnade und der Inspiration. Auf zahlreichen Bildern wird er gemeinsam mit Raphael als Engel der Vollendung des Lebens dargestellt. Die Seelen der Verstorbenen trägt er in ein Tuch gewickelt in den Himmel empor. So ist er auch der Engel der Auferstehung. Wegen seiner positiven Energien wurde Gabriels Beistand auch erbeten, wenn Menschen sich von dunklen Mächten bedroht fühlten. Das bezeugen viele Zaubersprüche und Beschwörungsformeln gegen Bedrängnis, Depressionen und Angstzustände.

Auch der Islam hebt die außergewöhnliche Bedeutung Gabriels hervor. Die Mutter des Propheten Mohammed starb bei der Geburt. Nach der Tradition kam dann Gabriel und stillte den Säugling. Später offenbarte er Mohammed in der Höhle von Hira den heiligen Koran.

Warum Gabriel neben Michael der beliebteste aller Engel wurde, liegt auf der Hand: Er ist die fruchtbringende Kraft

Gottes. Sein Wirken zielt auf die positiven Energien. Allen Menschen, die neu geboren werden wollen, steht er zur Seite. Er gibt ihnen Selbstvertrauen, Kreativität und die Kraft der Lebenserneuerung. Gabriel schenkt dem Kind und seinen Eltern Wachstumskräfte. Menschen, die das Gefühl haben, ihr Leben sei in eine Sackgasse geraten, spendet er neue Energien. Er beflügelt die Gottesfreunde und legt das göttliche Kind in die »Krippe des Herzens«.

Wie alle Engel, so betet auch Gabriel für das göttliche Kind in uns. Sein größter Wunsch ist, dass wir niemals das Staunen verlernen: Mögest du nie das kindliche Staunen vergessen, das einst deine Seele erfüllte. Das Staunen über die kleinen Wunder des Alltags: Das Spinnennetz am Holzschuppen und die Fährten der Tiere im feuchten Waldboden, den Regenbogen am Himmel und die Eisblumen am Fenster, die Winterlinge und Schneeglöckchen im Schnee und die Schmetterlinge auf den violetten Dolden des Sommerflieders. Mögest du nie das kindliche Staunen verlernen, das noch immer deine Seele erfüllen will.

Sommer: Raphael, Engel der Wachstumskräfte

Es ist Sommer, und alles steht in voller Blüte. Über die Sommerzeit herrscht der Engel Raphael: Alles wächst, blüht und leuchtet in tausend Farben.

Von Raphaels Wirken wird in dem biblischen Buch Tobit erzählt. Der Maler Rembrandt hat Szenen aus dem Buch ins Bild gesetzt. Raphael ist zur Stelle, wenn Menschen auf die Reise gehen. Allerdings begleitet er die Menschen stets inkognito. Er kennt sich aus in der Herstellung von Medikamenten, kann böse Geister vertreiben, bei finanziellen Engpässen aushelfen und in Liebesdingen beraten, kurzum: Raphael ist der ideale Reisebegleiter auf dem Weg ins Leben. Auf zahlreichen mittelalterlichen Bildern wird er dann auch als Führer auf der letzten Reise des Menschen dargestellt. Gemeinsam mit Gabriel trägt er die Seelen der Verstorbenen in einem Tuch in den Himmel.

Raphael ist ein Heiler und Lehrer. Darin besteht auch seine besondere Aufgabe für das dritte Jahrtausend: Als Arzt zeigt er, dass Krankheiten nicht nur körperliche Ursachen haben können. Er lehrt ein ganzheitliches Bild vom Menschen und die Heilung von Körper und Seele. So ist Raphael in besonderer Weise ein Schutzpatron der Ärzte, Apotheker und der Reisenden. Seine Attribute sind Medizinbüchse, ein Gefäß mit Fischgalle, Kreuz und Stab.

Lehrer, Erzieherinnen, Psychologen und alle Menschen, die mit der Begleitung von Kindern und Jugendlichen betraut sind, lehrt er eine ganzheitliche Wahrnehmung der Seele. Sie ist nicht nur durch Erziehung, Umwelteinflüsse und die Zeit, in die ein Mensch hineingeboren worden ist, geprägt. Sie kommt vom Himmel und kehrt in den Himmel zurück. Raphael richtet den Blick der Eltern auf den himmlischen Ursprung des Kindes. Er schenkt aber auch jene Gelassenheit, die Eltern brauchen, um ihre Kinder loslassen zu können. Jedes Kind ist mehr als die Summe der erzieherischen Einflüsse und des genetischen Erbes der Familie. Es folgt seinem eigenen Auftrag und muss ihn in seinem Erdenleben entfalten. Der Engel der Heilung schenkt Eltern und Erziehern Mut, auf die Wachstumskräfte im Kind zu vertrauen.

Raphael ist der Engel der heilenden Kräfte. Man nennt ihn auch den himmlischen Arzt. Der Engel der Gesundheit steht in seelischen Krisen und bei Krankheiten bei, deshalb sind auch Krankenhäuser nach ihm benannt. Zugleich ist er der Engel der Wachstumskräfte. Er herrscht über den Sommer des Lebens und ist in besonderer Weise der Engel der Kinder und Jugendlichen. Sein Name gibt seinen Zuständigkeitsbereich an: Raphael bedeutet »Gott hat geheilt«. Im Judentum ist Raphael der Engel des Sonntags, im Christentum regiert er über den Donnerstag. Jüdische Gelehrte des Mittelalters ordnen ihn dem Planeten Merkur zu. Nach jüdischer Lehre gehörte Raphael zu den drei Engeln, die Abraham aufsuchten. Er war einer alten jüdischen Legende zufolge auch der Lehrer Isaaks.

Herbst: Michael, Engel der Unterscheidung

Im Frühling blühen Bäume und Sträucher, im Sommer reifen die Früchte, im Herbst werden sie geerntet. Ein Symbol der Erntezeit ist die Waage mit zwei Schalen, wie sie noch heute zuweilen auf dem Markt zu finden ist. Die Waage ist auch ein Symbol des Engels Michael. Mit dem Michaelisfest (29. September) wird die Herbstzeit eingeläutet und ein großes Geheimnis gefeiert.

Einmal ist es für jeden Menschen Zeit, Bilanz zu ziehen. Dann werden sozusagen die Früchte seines Lebens in Michaels Waagschale gelegt. Das ist die Stunde der Selbsterkenntnis und der Wahrheit. Michael ist der Engel des Herbstes. Seine Attribute sind die Waagschale und das Schwert. Sein Name ist eine Frage und zugleich eine Kampfansage an alle dunklen Mächte der sichtbaren und unsichtbaren Welt, die meinen, sie könnten sich im Himmel oder auf Erden als Götter aufspielen: »Wer gleicht Gott?« Die Antwort soll lauten: Natürlich keiner! Wirklich keiner? Michael gilt als der höchste aller Engel. Keiner ist wie er über alle Maßen in den Himmel gelobt worden. In Johann Sebastian Bachs Kantate zum Michaelsfest »Es erhub sich ein Streit« wird er sogar als »unerschaffener Michael« und damit als gottgleich gepriesen.

Manchmal drohen deine Kräfte zu versagen.
Der Rückzug lockt.
Gib jetzt nicht auf.
Besinne dich auf deine Talente.
Begabungen sind ein Geschenk.
Dein Engel hat sie dir anvertraut.
Nur wer sich selbst wichtig nimmt,
wird auch anderen ein Segen sein.
Das schließt die Möglichkeit des Scheiterns nicht aus.
Doch wie du dir selbst treu bleibst, das allein zählt zuletzt.
Michael ist der Engel des inneren Ringens.
Auch er begleitet deine Seele.
Er kennt deinen Auftrag besser als du selbst.
Er ringt mir dir um Klarheit, Wahrheit und die Kraft der Unterscheidung.

Schon in der jüdischen Tradition überragt die Gestalt Michaels die Menge der himmlischen Heerscharen. Er herrscht über den siebten Himmel und ist der Engel der Gerechtigkeit, der die Vergehen der Völker aufschreibt. Im Judentum ging man davon aus, dass nach dem Turmbau zu Babel die ursprüngliche Einheit der Sprache in siebzig Weltsprachen zerfallen war. Die Bibel spricht von einer großen Verwirrung (Genesis 11,9). Als mächtigster aller Völkerengel steht Michael den siebzig anderen vor und ist zugleich der Völkerengel Israels. Er kennt laut dem Alten Testament die Weltformel, nach der Gott die sichtbare und die unsichtbare Welt erschaffen hat. Er vertreibt Adam und Eva aus dem Paradies, hilft Eva bei der Geburt Kains, schenkt Adam göttliche Offenbarungen, besucht mit Gabriel und Raphael den Stammvater Abraham. Er war es, der mit Jakob am Jabbok rang, der das Volk Israel durch die Wüste führte, Moses unterrichtete und ihm die Zehn Gebote überreichte. Er überbrachte Salomo den Siegelring, mit dem er alle männlichen und weiblichen

Geister bannen und Jerusalem erbauen konnte. Schließlich erscheint er dem Propheten Daniel (Daniel 10,13), um dann im Christentum seine »Karriere« fortzusetzen.

Michael und seine Engel bekämpfen den Teufel in Gestalt eines geflügelten Drachen (Offenbarung 12,7–9) und verstoßen ihn aus dem Himmel. Bald gilt er als Engel einzelner christlicher Völker: zunächst der Langobarden, dann der Franken und schließlich der Deutschen. Im Lauf der Jahrhunderte wird Michael zum Schutzpatron für beinahe sämtliche Berufe. Wo immer ein Bezug zu seinen Zuständigkeitsbereichen hergestellt werden konnte, war man froh, den starken Helden als unsichtbaren Helfer an der Seite zu wissen. Manchmal war die Begründung für sein Patronat jedoch recht weit hergeholt. So hieß es, er sei der Schutzpatron der Kuchen- und Pastetenbäcker, der Waffelbäcker und der Oblatenhersteller, weil er den Teufel in den Höllenpfuhl geworfen habe. Wegen seiner Waffen, dem Schwert und der Lanze hat er das Patronat über die Degen- und Säbelfechter. Zu seinen Attributen gehört auch die die Waage, mit der Michael die Seelen der Verstorbenen abwägt. Sie macht ihn zum Patron der Apotheker, Kolonialwarenhändler und aller Menschen, die mit Waagen arbeiten. In ländlichen Gegenden wird er zur Abwehr von Feuersbrünsten angerufen, Amulette mit seinem Bildnis schützen vor dem bösem Blick, Depressionen, epileptischen Anfällen und dämonischer Versuchung.

Im Mittelalter waren die sogenannten Michaelsbriefe äußerst beliebt. Man setzte sie gegen jede Art von Bedrohung durch Einbrecher, Feuersbrunst, Unfälle oder Krankheiten ein. Wie die Himmelsbriefe in anderen Religionen, so war auch der Michaelsbrief der Legende nach vom Himmel gefallen, und zwar genau auf den Mont-Saint-Michel. Bischof Aubert von Avranches, dem der Engel in einem Traum im Jahr 708 erschienen war, hatte ihn zum späteren Unwillen der römischen Synode von 745 verbreiten lassen. Er enthielt eine Segensformel, die in ganz Europa verbreitet wurde. Diese Michaelsbriefe wurden unter das Kopfkissen gelegt, in den Mantel eingenäht oder dem Vieh ins Futter gemischt. Auch Wallfahrtsmünzen, sogenannte »Michaelstaler«, waren seit 1624 im Umlauf. Neben Johannes wurde Michael zu einem beliebten Vornamen. Aus ihm entwickelte sich der Spottname »deutscher Michel«.

Zahlreiche Orden nannten sich nach dem Engel, so der portugiesische Ritterorden »Vom Flügel des heiligen Michael«, der französische »Orden des heiligen Michael« oder der deutsche Michaelsorden, den Kurfürst Joseph Clemens von Bayern 1693 in Laim gründete. Der Michaelsorden besteht noch heute und zählt etwa 200 Mitglieder. Zu dieser Gemeinschaft gehören auch die über 200 Barmherzigen Schwestern aus dem benachbarten Kloster. Die »Erzbruderschaft vom heiligen Erzengel Michael« wurde am 9. März 1860 durch Papst Pius IX. anerkannt. Sie verschreibt sich vor allen Dingen der Verteidigung des Papstes. Auch im Luthertum findet sich eine Gebetsgemeinschaft, die sich auf das Patronat des Erzengels beruft. Die »Evangelische Michaelsbruderschaft« sieht ihre Aufgabe in der Pflege der Tagesgebetszeiten.

Überall in Europa entstanden Michaelshöhlen und -kirchen und die Reliquien des wehrhaften Engels waren sehr populär: Behänge vom Altar der Felsenkirche am Monte Gargano oder auch Teile des Felsens. Man war überzeugt, dass sich in diesen Reliquien die Kraft des Engels Michael gespeichert habe und von hier auf die Beter positiv ausstrahle. In Valenciennes glaubte man das Schwert des Engels zu besitzen und in der romanischen Michaelskapelle bei Kleebronn wurde sogar eine Feder des Engels verehrt. Eduard Mörike ironisiert die Legende aus der Zeit der Germanenmission durch Bonifatius in seinem Gedicht »Erzengel Michaels Feder«: Im Kampf gegen den Satan des Unglaubens stand dem iroschottischen Mönch der Erzengel

Michael zur Seite. Nach erfolgreicher Missionstätigkeit suchte Bonifatius ein persönliches Gespräch mit dem Engel. Dieser hatte aber keine Zeit, da neue Aufgaben ihn riefen. Als er sich in die Lüfte erhob, griff ihm Bonifatius ins Gefieder und zog ihm eine goldene Feder aus den Schwingen:

Der Mann Gottes stund sehr verblüfft,
Ihm war, wie er mit dem Erzengel rang,
Eine Feder, gülden, schön und lang,
Aus dem Fittig in der Hand geblieben.
Flugs tät er sie in Mantel schieben,
Ging eine Strecke fort und sann:
Was fang ich mit der Feder an?

In der neu gegründeten Michaelskapelle findet sie einen würdigen Ort der Verehrung. Kann ein Engel mit dieser Ämterhäufung heute noch ein Vorbild sein? Gehen von ihm noch immer beflügelnde Gedanken aus? Vielleicht muss man alles vergessen, was über den Engel berichtet wurde, und nur auf die Anfrage lauschen, die aus seinem Namen erklingt: Wer ist wie Gott? Michael war immer ein politischer Engel. Er zeigt, dass Engel nicht zu allem Ja und Amen sagen, dass sie eine Grenze ziehen, die niemand überschreiten darf. Herauszufinden, wo diese Grenze liegt, ist jeder Generation neu aufgetragen.

Winter: Uriel, Engel der Erleuchtung

Es ist Winter. Längst ist das Laub von den Bäumen gefallen. Die Felder liegen brach. Dämmerlicht und Dunkelheit umhüllen das Leben. Nun ist die Zeit der Einkehr, Uriels Zeit. Warum ist Uriel niemals so populär geworden wie Gabriel, Michael oder Raphael? Einmal, weil sein Name nicht in der Bibel erwähnt wird. Uriel tritt gerne inkognito auf. Einige jüdische Gelehrte meinen, er sei es gewesen, der in Gestalt einer Feuersäule das Volk Israel während der Nacht durch die Wüste führte (Exodus 13,21f.). Der zweite Grund, warum über ihn nicht gerne gesprochen wird, liegt in seinem Zuständigkeitsbereich: Wer spricht schon gerne über die letzten Dinge? Uriel ist der Engel der Unterwelt. Er ist maßgeblich beteiligt, wenn die Toten auferstehen und sich zum Jüngsten Gericht einfinden müssen. Als Jahreszeit ist ihm der Winter zugeordnet.

Der Name Uriel bedeutet »Flamme Gottes« oder »Mein Licht ist Gott«. Er bildet mit Gabriel, Raphael und Michael eine Vierergruppe. Im Judentum und in der ostkirchlichen Liturgie werden die vier Engel angerufen. Die katholische Kirche erkennt Uriel nicht als echten Engel an. Über ihn lesen wir im 3. Buch Esra, das aus dem 1. Jahrhundert nach Christus stammt. In der russischen Bibel gilt es als kanonisch. Darstellungen Uriels finden sich auf den Mosaiken von Santa Maria Maggiore in Rom, im Kuppelmosaik der Sophienkathedrale in Kiew und auf der Holzdecke von St. Michael in Hildesheim. Uriels Attribute sind die Feuerflamme auf offener Hand, eine Weihrauchschale, ein Lichtglobus, ein Stab oder ein Schwert. Die koptische Kirche kennt sogar einen besonderen Feiertag zu seinen Ehren.

Uriel bringt Licht ins Dunkel der Todeswelt, das Licht der Wahrheit, der Gerechtigkeit, der Selbsterkenntnis. Die Flamme kann wärmen oder zerstören, sie lässt eisige Seelen schmelzen oder verbrennt sie. Ihr Licht erleuchtet oder blendet die Seele. Uriels Flamme scheint, wenn Menschen mit sich ins Gericht gehen und sich fragen: Was habe ich aus meinem Leben gemacht? Wo habe ich versagt? Wo bin ich schuldig geworden?

Uriel ist weder ein Staatsanwalt noch ein Richter. Der Engel des Feuers bietet sich als Seelenführer an. Sein Ziel ist nicht die

Verurteilung, sondern die Aufrichtung des Menschen. Wir brauchen uns nicht zu verstecken, uns Selbsttäuschungen hinzugeben oder anderen etwas vorzumachen. Zu jedem Leben gehört die dunkle Seite, das krumme Holz, das ungelebte Leben. Uriel setzt es ins Licht der Erkenntnis. Er hilft, das eigene Leben wahrhaftig und ohne Selbstmitleid anzunehmen. Seine Flamme hat die Kraft der Reinigung und Läuterung.

Das Feuer der Läuterung des Gewissens hat eine schmerzhafte Seite, und oft ist der Prozess der Selbsterkenntnis wie ein Gang durch die Hölle. Aber für ewige Höllenstrafen ist Uriel nicht zuständig! Brennend vor Liebe geben Engel niemals auf, jeden Menschen zu retten. Sie können gar nicht anders als lieben. Die flammende Liebe ist ihre Natur. Uriel aber zeigt, dass diese Liebe durchaus hart zur Sache gehen kann, denn er ist zuständig für letzte Wahrheiten, für die Momente auf dem Krankenbett, dem Sterbelager, aber auch in allen anderen Augenblicken, wo Ausflucht oder Selbsttäuschung nicht mehr möglich sind. Uriel bringt die Sache auf den Punkt. Das kann schmerzlich sein, aber es befreit. So ist er auch der Engel der Buße und des Friedens. Er hilft gegen Anfechtungen und Schuldgefühle, indem er immer wieder auf die reinigende Kraft der Flamme verweist. Gericht ist Aufrichtung des Menschen. Nach dem Gericht führt Uriel die Menschen mit ihren Schutzengeln ins Paradies.

Mit den Cherubim teilt Uriel die Liebesflamme der Begeisterung, mit den Seraphim die Erkenntnis der Wahrheit. In den Winterstürmen des Lebens und in den Stunden des Zweifels schenkt Uriel mit der Flamme Gottes die Erleuchtung. Sie trägt uns durch jede Dunkelheit hindurch ins ewige Licht. Uriel ist der Engel aller Menschen, die unter Schuldgefühlen leiden, die von Zweifeln geplagt sind und den Blick nicht in die Zukunft richten können, weil sie an der Vergangenheit kleben.

Der Michaelstag (29. September) war lange Zeit ein wichtiger Tag im Alltagsleben der Menschen. Dann wurden Schulden beglichen, das Gesinde konnte die Stelle wechseln, die Familie veranstaltete ein großes Fest und die Michaelsgans kam auf den Tisch. Kinder zogen von Haus zu Haus und sammelten Äpfel, Nüsse und andere Gaben. Auf der Insel Bornholm fanden Gelage statt, bei denen die Michaelsminne, ein starkes alkoholisches Getränk, reichlich getrunken wurde.

Ob Frühling, Sommer, Herbst oder Winter: Jeder Tag hat seinen Engel, und jede Stunde kann zu einem Engelfest werden. Doch gibt es besondere Engelfesttage, die von den Kirchen in Ost und West festgelegt wurden. So wurden der 8. Mai und der 29. September in der katholischen Kirche als Festtage des Engels Michael begangen. In den östlichen Kirchen Griechenlands und Russlands wird Michaels Wirken am 6. September und 8. November gefeiert. Die orthodoxen Feiertage Raphaels sind der 8. September und 8. November. Gabriels Festtag in der orthodoxen Kirche ist der 26. März. Da die Feierlichkeiten in die Fastenzeit fallen, bekam Gabriel im 9. Jahrhundert ein zweites Fest, den 13. Juli. Erst im Jahr 1921 unter Papst Benedikt XV. erhielten auch Gabriel (24. März) und Raphael (24. Oktober) ihren Platz im Heiligenkalender der katholischen Kirche. Im Zweiten Vatikanischen Konzil wurden wiederum sämtliche Engelfeste auf den 29. September (Michaelistag) zusammengelegt. Eigentlich schade, denn gibt es Schöneres als Engelfeste? Nicht angetastet haben die Konzilsväter jedoch das Schutzengelfest, das im Jahr 1670 offiziell auf den 2. Oktober festgelegt worden ist.

Jedes Jahr, wenn der Sommer kam, kehrte auch ein altes Problem wieder: Ich bekam einen Hautausschlag zwischen den Fingern. Und jeden Sommer ging ich zu einem Hautarzt. Er verschrieb mir eine stark kortisonhaltige Salbe. Sie nützte nichts. Irgendwann im Herbst verschwand das Problem, um im nächsten Jahr wiederzukehren. Auf einem Kongress für alternative Medizin hielt ich einen Vortrag über Engel. Anschließend lernte ich eine Schweizer Spezialistin für Bachblüten kennen. Ich zeigte ihr meine Finger, und sie mischte eine Medizin. Ich nahm die Tropfen, die Finger heilten innerhalb einer Woche. Das Hautproblem tauchte nie wieder auf. Ich habe keine Ahnung, wie die Tropfen in meinem Körper wirkten. Sie haben mir geholfen. Das reicht.

Engel können auch so eine Art »Nothelfertropfen« für die Seele sein. Sie schenken neue Kraft. Sie stärken die Abwehrkräfte gegen Traurigkeit, Pessimismus und Verzweiflung. Doch wofür sind sie im Einzelnen zuständig? Wie lauten ihre Namen? Über diese Fragen haben schon die alten jüdischen Mystiker nachgedacht und Kataloge mit Engelnamen und ihren jeweiligen Zuständigkeitsbereichen erstellt. Die jüdischen Geheimschriften sind in hebräischer Sprache geschrieben worden. Bis heute hat man sie nicht übersetzt. Hier aber einige Beispiele:

Abhängigkeit

Saraphuel (»Flamme Gottes«) hilft bei Suchtkrankheiten. Er unterstützt alle Eltern von Drogenabhängigen, hilft aber auch jenen, die mit dem Rauchen oder übermäßigem Trinken aufhören wollen.

Beziehungsstress

Nuriel (»Engel des Feuers«) heilt erkaltete Beziehungen, führt aus der Depression, wärmt und schmilzt das Eis der Seele. Besonders in Konflikten mit den Eltern, Nachbarn und Vorgesetzten hilft er, alte Vorurteile abzubauen, Verletzungen zu heilen und die Flamme einer neuen Begegnung zu entzünden. In seinem Licht leuchtet das Gesicht eines Menschen plötzlich wieder neu auf.

Erziehungsfragen

Peliel (»Gott zeichnet aus«) war der Lehrer Jakobs. Dieser Engel hilft vor allen Dingen bei Erziehungsschwierigkeiten. Ihm steht Raziel (»Geheimnisse Gottes«), der Lehrer Adams, zur Seite. Peliel ist der Engel der Kindergärtnerinnen und Lehrer, aber auch aller Eltern, Großeltern und Nachhilfelehrer, die sich um die geistige Erziehung der Kinder kümmern. Er lehrt sie konsequentes Handeln und Gelassenheit.

Grenzerfahrungen

Der Engel Balsamos (»Lichtgott«) leuchtet in den dunkelsten Stunden des Lebens. Wenn alle Worte versagen, ist er gegenwärtig und legt sich wie Balsam auf die verwundete Seele seines Schützlings. Er ist der Heiler aller seelisch oder körperlich Missbrauchten, besonders der Kinder. Als Nothelfer in scheinbar aussichtslosen Lagen ist er das Licht am Ende des Tunnels. Deshalb wird er auch von Sterbenden angerufen. Ihnen zeigt er das ewige Licht des Himmels. Sein Name kann wie ein Mantra in ständiger Wiederholung gesprochen werden.

Hilfsdienste

Ingethel (»Der unsichtbar Wirkende«) hilft überall, wo Diskretion erforderlich ist. Ingethel ist der Engel aller Menschen, die anderen in Notsituationen durch Gespräche und tatkräftige

Hilfe beistehen. Er unterstützt die Mitarbeiter von Hilfsorganisationen, ist in Schwangerschafts- und Erziehungsberatungsstellen zu finden, hilft am Krisentelefon und in Frauenhäusern und ist sich nicht zu schade, mit der Sammelbüchse in der Hand für die Unterstützung der Arbeit in Tierheimen auf der Haupteinkaufsstraße zu stehen. Der unsichtbar wirkende Engel ist auch hinter Klostermauern zu finden, wo er das stille Gebet der Mönche und Nonnen segensreich fördert.

Inspiration

Künstler, Maler, Schriftsteller und alle kreativen Menschen können auf den Beistand des Nothelfers Eleleth (»Die Weisheit«) zählen. Er ist der Engel der Inspiration und des göttlichen Funkens. Menschen, die eine spirituelle Orientierung suchen, schenkt er Einsicht in himmlische Geheimnisse, Freude am Gebet, an sakralem Tanz oder Entspannungsübungen. Er ist auch ein idealer Begleiter für Seminare, Einkehrtage, Meditationskurse und Akademietagungen. Verkopfte Menschen erfahren durch Eleleth eine wichtige Erweiterung ihres Horizontes. Er zeigt ihnen, dass Wissen noch lange nicht Weisheit ist.

Kinderwunsch

Bei jeder Zeugung ist der Engel Lajela anwesend. Er trägt die Seele des Kindes in den werdenden Leib und sorgt dafür, dass sie gleichzeitig mit der Verschmelzung von Samen- und Eizelle inkarniert. Kinderlose Paare dürfen auf seinen Zuspruch rechnen. Lajela schenkt Fruchtbarkeit.

Lajelas Dienst wird von Romiel fortgesetzt. Er ist der Engel der Wöchnerinnen. Viele Frauen der Bibel wie Sarah oder Elisabeth litten unter Unfruchtbarkeit und erhielten durch die Mitteilung eines Engels Hilfe. Nicht nur, weil die meisten Kinder in der Nacht gezeugt werden, heißt der Engel Lajela »Nacht«, sondern weil er auch den kinderlosen Paaren in der Nacht ihrer Trauer tröstend zur Seite steht.

Lebensfreude

Pantasaron (»Freude«) sorgt dafür, dass sich alle Menschen mitfreuen, wenn es etwas zu feiern gibt. Auf Partys, bei Betriebsfesten, Klassenfahrten und Opernbällen vertreibt er die Alltagssorgen. Die Außenseiter integriert er.

Loslassen

Wenn Menschen Abschied nehmen müssen, ist der Engel Gabuthelon (»Kraft Gottes«) gegenwärtig. Er stärkt die Sterbenden, tröstet die Trauernden, heilt die verwundeten Herzen. »Das letzte Hemd hat keine Taschen«, sagt er und schenkt Mut zum Loslassen. »Lass dich fallen und vertraue auf die Kraft Gottes! Sie wird dich tragen!« Dieser Engel wirkt aber auch mitten im Leben, wenn ein Schlussstrich gezogen werden muss. Als Engel der göttlichen Kraft sorgt er für klare Verhältnisse. Menschen, die mit ihrem Schicksal hadern oder sich nicht entscheiden können, ist er eine große Hilfe. Er gibt die Kraft, eine sinnlos gewordene Beziehung zu beenden, ein deutliches Wort zu sprechen und sich von allem überflüssigen Ballast zu trennen. Er ist der Engel einer friedlichen Scheidung und steht auch jenen Menschen bei, die sich nicht von überflüssigem Besitz trennen können. So hat er sich besonders als Nothelfer beim Aufräumen der Wohnung oder bei Umzügen bewährt.

Prozesshilfe

Dokiel (»Göttlicher Scharfsinn«) ist im Judentum ein Engel mit einer Gerichtswaage. Er hütet auch das Tor der Nordwinde, die manchmal eisig durch die Seele des Menschen wehen, besonders wenn er wegen eines Rechtsverstoßes vor Gericht steht. Während der Engel Bakariel bei falschen Anschuldigungen hilft, greift Dokiel erst ein, wenn es zum Prozess kommt. Er wird deshalb bei schweren Straftaten angerufen. Mit seinem göttlichen Scharfsinn hilft er jedoch nur den Reumütigen. Bei Steuerhinterziehung, Meineid, Vertuschung von Straftaten ist es sinnlos, um seine Hilfe zu bitten. Engel stehen immer auf der Seite der Wahrheit.

Schuldgefühle

Phanuel (»Angesicht Gottes«) vertreibt das schlechte Gewissen. Er ist ein sensibler Seelsorger, dem sich Menschen vertrauensvoll öffnen. Er hilft beispielsweise Erwachsenen, die unter Schuldgefühlen gegenüber ihren Eltern leiden, und Menschen, die in einem Drang von Perfektionismus nicht mehr zu sich selbst finden.

Streitfälle

Wenn Blitz und Donnerwetter am Horizont des Lebens aufziehen, hilft Bakariel (»Von Gott gesegnet«). Er stärkt die Seele, schenkt innere Sicherheit und Ruhe. Der Ausrufung seines Namens kann ein weiterer Satz hinzugefügt werden. Etwa: »Ich bin ein gesegnetes Kind« oder »Ich stehe unter Gottes Schutz«. Bei Wanderungen im offenen Gelände oder im Gebirge gilt Bakariel als zuverlässiger Begleiter. Er ist auch für Abwehr der »Blitze und Gewitter« in juristischen Streitigkeiten zuständig. Er hilft bei falschen Anklagen, sei es im Streit mit dem Vermieter, bei Unfällen oder Scheidungen.

Stress

Bei Prüfungsstress, Kopfschmerzen und Migräne hilft der Engel Adonael (»Herr Gott!«). Sein Name ist ein Stoßseufzer. Man sollte ihn laut aussprechen und dabei tief ausatmen. Er löst Denkblockaden, Verspannungen im Kopf- und Nackenbereich und lässt die Energie wieder frei strömen. Für alle, die sich in einer Aus- oder Weiterbildung oder einer Umschulung befinden, hat Adonaels Zuspruch eine befreiende Wirkung.

Visionen

Ramael (»Erhöhung Gottes«) ist der Engel der Vision. Er vertreibt das Gefühl innerer Leere und schenkt Impulse für neue Aufgaben in privaten und beruflichen Dingen. Er steht besonders den Arbeitslosen bei.

8. Liebe schenkt Verwandlung: Vollendung finden

Mensch, lerne tanzen,
sonst wissen die Engel im Himmel
nichts mit dir anzufangen!

Aurelius Augustinus

Von letzten Wegen: Engel in Nahtoderlebnissen

In dem letzten Interview, das Gräfin Dönhoff gab, wurde sie auch gefragt, ob sie an ein Leben nach dem Tod glaube. Sie antwortete: »Ich habe mir nie konkrete Vorstellungen gemacht. Ich gehe aber davon aus, dass da etwas kommt. Das habe ich immer getan. Aber ob ich da jemanden wiedertreffe, das habe ich nie konkretisiert. Nein, ich finde es auch ein bisschen anmaßend, sich darüber Gedanken zu machen, denn man kann eben nicht dahinterkommen. Wozu auch? Ich denke, dass alles seine Zeit und seinen Platz hat. Warum soll ich versuchen, mich vorher einzumischen?«

Niemand weiß, wie das Leben nach dem Tod konkret aussieht. Doch der Weg in jenes geheimnisvolle Reich hinter der sichtbaren Welt ist immer wieder von Menschen beschrieben worden. Wer jemals einen Sterbenden begleitet hat, der weiß, dass sie in den letzten Tagen und Stunden des irdischen Lebens zu ganz unerwarteten Einsichten gelangen können. Noch im letzten Atemzug können wir verwandelt werden.

Als ich ein Kind war, da dachte ich wie alle Kinder, dass Erwachsene den »Durchblick« haben, dass sie wissen, was richtig und falsch ist. Ich dachte, sie müssten sich in ihrer Haut immer wohlfühlen. Ich glaubte, Erwachsene hätten sich selbst gefunden und müssten sich nicht mehr an Leib und Seele entwickeln wie wir Kinder. Jetzt weiß ich: unser Leben ist offen, und es bleibt offen für immer neue Wandlungen bis zum letzten Atemzug. Auf dem letzten Weg können wir noch neue Erfahrungen machen. Menschen, die nie an Engel geglaubt haben, schauen plötzlich eine wunderbare Lichtgestalt. Zweifler erfahren Gewissheit. Grobe Naturen werden sanftmütig. Engel sind diese Kraft der Verwandlung.

Deshalb sollten wir niemals unser Herz verhärten und andere Menschen aufgeben. Noch im letzten Atemzug reicht uns der Engel die Hand. Von diesem Verwandlungsprozess erzählen die Nahtoderlebnisse. Das Folgende hat einer meiner Schüler erlebt. Der achtzehnjährige Marc fuhr mit seinen fünf Freunden im Auto. Ein Sommergewitter hatte Blütenblätter von den Linden gefegt. Die Straße war glitschig. In einer Kurve wurde der Wagen von der Fahrbahn geschleudert. Drei Jugendliche starben, der Fahrer blieb unverletzt. Marc erlitt einen doppelten Beckenbruch und einen Schädelbasisbruch. Über Wochen lag er im Koma. Ein Jahr verbrachte er in einer Reha-Klinik. Später erzählte er, was er während des Unfalls erlebt hatte: Er sah sich und seinen besten Freund allein in dem Wagen sitzen. Sie fuhren durch die Luft in den Himmel. Dort wurden sie von einer weiß gekleideten Gestalt empfangen. Sie stiegen aus, waren glücklich und wollten durch ein Tor gemeinsam in den Himmel gehen. Die Gestalt jedoch verwehrte Marc den Eintritt. Er müsse wieder auf die Erde zurück, sein Freund dürfe bleiben. So umarmten sich die beiden Freunde zum Abschied, und Marc ging traurig auf die Erde zurück. Der Freund hat den Unfall nicht überlebt.

Während des Komas, berichtete Marc weiter, habe er immer wieder eine Szene vor Augen gehabt, die er zum ersten Mal im Alter von vierzehn Jahren geträumt hatte: Er befindet sich in seinem Zimmer. Es ist Nacht. Er wacht auf und spürt einen starken Drang, ans Fenster zu treten. Beim Blick hinaus sieht er eine weiß gekleidete männliche Gestalt weit unten auf dem Rasen stehen. Marc öffnet das Fenster, stürzt sich hinab und wird unendlich sanft und zärtlich von der Gestalt aufgefangen.

Ein anderes Nahtoderlebnis hat Friedrich Cramer aufgezeichnet. Er leitete das Max-Planck-Institut für experimentelle Medizin in Göttingen. In seiner Autobiografie berichtet er von einem Erlebnis im September 1942 am Don-Bogen in Russland. Achtzehn Jahre war er alt und so schwer verwundet, dass ihn die Kameraden schon aufgegeben hatten. Von außen betrachtet, ist er ein hoffnungsloser Fall und so gut wie tot. Doch welch ein Reichtum wird ihm durch die innere Welt zuteil: »Eine Himmelsleiter, ja, das ist es, eine Himmelsleiter, die den Raum aufhebt! Dass es so etwas gibt? Und auch die Zeit ist aufgehoben, alles Wollen ist unnötig, es ist ja doch schon alles gemacht. Oder rast die Zeit? Das Raum-Zeit-Gefängnis ist aufgebrochen.« Dann öffnet sich ihm das Panorama seines Lebens. Alles, was er jemals erlebte, ist plötzlich gleichzeitig da, und die Vergangenheit ist verwandelt in Gegenwart: »Die Mutter, die Geschwister, der Garten mit den Himbeersträuchern und den Marienkäfern, die tote Schwester in ihrem Kinderbett, der Weihnachtsbaum, die Felder in Dirsdorf, der ehrwürdige jüdische Großvater mit seinem grauen Spitzbart und der riesigen Nase, die schrecklichen Aufmärsche, die Angst vor der Verspottung als Vierteljude, Hedwigs Brüste, die brennende Synagoge, und wieder die Mutter am Nähtisch, der Vater, laut wie immer, der Geruch des Koksofens im Flur, das Sägen von Brennholz, das Galoppieren durch den Wald hinter Beatrix her, die kleine rothaarige jüdische Freundin, die heimlichen Sandkastenspiele, die versteckten Zärtlichkeiten mit Dietrich: Das alles spiegelt sich in der überirdisch goldenen Kirchenkuppel.

Und alles ist gleichzeitig da, das Große und das Kleine, das Wichtige und das Unwichtige, und die übermenschliche Anstrengung, dazwischen unterscheiden zu müssen, fällt endlich, endlich weg. Das Leben ist auf einmal ganz leicht. Und intensiver noch als in der Wirklichkeit, strahlender, mit überirdischen Farben. Noch nie hat er so rote Himbeeren gesehen und ein so strahlendes Grün an Mutters Smaragdbrosche. Und dann das Gold der Kuppel! Alles, alles ist da – nichts geht verloren.«

Unser Leben ist kein Zufall. Wir sind geliebt und gewollt. Unser Engel hat Ja zu uns gesagt. Alles, was wir auf Erden erleben, geschieht nicht zufällig. Wir werden geführt. Hinter allem steckt ein großer, geheimnisvoller Plan. Dieser Plan ist das Buch unseres Lebens. Manchmal bekommen wir einen Einblick und dürfen einige Seiten darin lesen.

In uns ist ein unzerstörbarer Kern.
Es ist unsere Seele.
Über sie wacht der Engel.
Er hält unser Leben auf geheimnisvolle Weise zusammen,
bewahrt und rettet, was wir erlebt haben.
Unsere so flüchtigen und vergänglichen Erlebnisse
verwandelt er in eine unvergängliche Erinnerung:
»Alles, alles ist da – nichts geht verloren.«

Der Engel der Verwandlung breitet seine Flügel schützend über die tausend einzelnen Erlebnisse unseres Lebens aus. Das, was wir gewesen sind, wird nicht verloren gehen. Auf mittelalterlichen Bildern sind die Engel zuweilen mit einem Wickeltuch in den Händen dargestellt. In ihm befindet sich die Seele des Verstorbenen. Sie wird von den Engeln in den Himmel getragen. Die Seele ist als kleines nacktes Menschlein dargestellt. Damit wird angedeutet, dass einst die »nackte Wahrheit« unseres Lebens sichtbar werden wird. Wir werden uns selbst erkennen, wie wir schon jetzt durch unseren Engel erkannt sind. Alles, was wir gewesen sind, alles, was uns ausmacht, das Krumme und das Gerade, das Helle und das Dunkle, ist angenommen, geborgen, geliebt und geht der Vollendung entgegen. Wir dürfen wieder nackt wie die Neugeborenen sein und brauchen uns nicht mehr vor uns selbst und den anderen Menschen zu verstellen.

Der Engel der Verwandlung befreit die Seele zu ihrer wahren Gestalt. Er hat sein Vorbild in jenen Engeln, die den armen Lazarus nach seinem Tod in den Himmel tragen, wo er in »Abrahams Schoß« Frieden finden wird:

Es begab sich aber, dass der Arme starb,
und er wurde von den Engeln
getragen in Abrahams Schoß.

Lukas 16,22

Im Himmel werden wir wie in einem Mutterschoß geborgen sein. Darauf verweisen auch jene Lichttunnel, die sowohl in den modernen Nahtoderlebnissen als auch in den Darstellungen von Künstlern aller Zeiten bezeugt sind. Hieronymus Bosch (1450 bis 1516) hat die berühmteste Reise der Seele gemalt. Auf seinem Flügelaltar, der heute im Palazzo Ducale in Venedig zu sehen ist, tragen Engel die Seelen Verstorbener durch das Erdendunkel hinauf in einen Lichttunnel. Der Tod ist der Weg zur Neugeburt. Diesen Tod, so glauben Christen, sterben wir mitten im Leben, und mit Christus feiern wir mitten im Leben die Auferstehung. So liegt das Reich der Liebe nicht nur jenseits der Zeitmauer, sondern es ist mitten unter uns. Es ist nicht nur Zukunft, sondern schon Gegenwart. Es ist nicht nur unsichtbare, sondern sichtbare Gegenwart. Rudolf Kassner, dem der Dichter Rainer Maria Rilke den achten Engelgesang seiner »Duineser Elegien« widmete, hat diese Erfahrung gemacht und als Spruch auf seinem Grabstein in Siders im Wallis verewigt:

Vielleicht war es früher so,
daß ein Mensch einfach bis zur Grenze ging,
und dort starb er dann,
und das ewige Leben begann.
Seit Jesu Christo aber geht die Grenze mit,
und so weiß niemand im Grunde genommen,
wann und wo das ewige Leben beginnt.

Die unsterbliche Seele: Lieben und Loben

Jean Sibelius (1865 bis 1957) ist der bekannteste Komponist Finnlands. Am 20. September 1957 wurde im Festsaal der Universität von Helsinki ein Konzert mit seinen Werken gegeben. Später erinnerte sich ein Besucher an diese Aufführung: Er habe während des Konzerts einen weißen Schmetterling durch den Saal fliegen gesehen. Als der Besucher anschließend das Universitätsgebäude verließ, erfuhr er, dass der Komponist soeben gestorben war.

Die Raupe starb. Doch im Sterben wurde sie in einen Schmetterling verwandelt. Der Schmetterling ist ein altes Symbol für die Seele. Sie kommt vom Himmel und sie kehrt zu ihrem Ursprung zurück. Deshalb öffnet man nach altem Brauch in dem Zimmer, in dem ein Mensch gerade gestorben ist, das Fenster. Die Seele ist dem Schutzengel anvertraut und er begleitet sie auf allen Wegen. Er hat sie in den Mutterleib gelegt und wird sie aus dem Körper wieder zurück in die himmlische Heimat führen. Der Schmetterling ist ein Symbol dieser Auferstehung. Deshalb ist er auf vielen Grabsteinen abgebildet. Er bezeugt: Was irdisch war, ist zu Erde geworden. Was vom Himmel kam, ist zum Himmel zurückgekehrt. Der Tod ist nicht das Ende, sondern der Anfang des Lebens. Deshalb haben die ersten Christen den Todestag eines Märtyrers als Geburtstag gefeiert. Alle Gedenktage der Heiligen erinnern daher an ihre Todestage.

Was aber kommt nach dem Tod? Das Leben in der anderen Welt ist ein Geheimnis. Deshalb darf jeder Mensch seine eigenen Vorstellungen davon haben. Der bekannte deutsche Dichter Paul Gerhardt stellte sich den Himmel wie einen großen blühenden Sommergarten vor und dichtete:

Freude die Fülle
und selige Stille
darf ich erwarten
im himmlischen Garten,
dahin sind meine Gedanken gericht't.

In einem anderen Gedicht schreibt Paul Gerhardt über den Himmel:

Ach, denk ich, bist du hier so schön
und lässt du's uns so lieblich gehen
auf dieser armen Erden:
was will doch wohl nach dieser Welt
dort in dem reichen Himmelszelt
und güldnen Schlosse werden.

Welch hohe Lust, welch heller Schein
wird wohl in Christi Garten sein!

Wie muss es da wohl klingen,
da so viel tausend Seraphim
mit unverdrossnem Mund und Stimm
ihr Halleluja singen.

O wär ich da! O stünd ich schon,
ach süßer Gott, vor deinem Thron
und trüge meine Palmen:
so wollt ich nach der Engel Weis
erhöhen deines Namens Preis
mit tausend schönen Psalmen.

Auch der Kirchenvater Aurelius Augustinus hat konkrete Vorstellungen vom Leben in der anderen Welt gehabt. Das Leben im Jenseits stellte er sich als »ewige Seligkeit« vor:

Dann werden wir stille sein und schauen,
schauen und lieben,
lieben und loben.
Das ist's, was dereinst sein wird,
an jenem Ende ohne Ende.
Denn welch anderes Ende gäbe es für uns,
als heimzugelangen zu dem Reich,
das kein Ende hat?

Nicht jeder Mensch hat konkrete Vorstellungen vom himmlischen Leben unter den Engeln. Doch wir denken immer in Bildern, ob wir wollen oder nicht. Bilder begleiten uns durch unser ganzes Leben und schenken uns Halt und Freude, beflügeln uns. Sie geben unserem Leben eine Richtung, leuchten über unserem Lebensweg wie Sterne und erhellen unsere Dunkelheiten. Sie spenden Trost in den Stunden der Einsamkeit, begleiten die Sterbenden und trösten die Trauernden. Das Bild des Engels wird uns auf dem letzten Weg nicht verlassen. Deshalb wandte sich die siebzehnjährige Noa Ben-Artzi auf dem Jerusalemer Herzl-Berg an die Engel. Über ihren ermordeten Großvater Jitzhak Rabin sagte sie:

Größere als ich haben dich schon beweint,
aber keiner kannte deine Zärtlichkeit,
deine weichen Hände,
deine Umarmungen, die nur wir zu spüren bekamen.
Und dein vielsagendes Halblächeln,
das mit dir gegangen ist.
Da ich keine Wahl habe,
bitte ich dich, der du immer mein Held warst,
dass du an uns denkst und dass du uns vermisst,
weil wir hier unten dich so sehr lieben.
Ich bitte die Engel im Himmel,
dass sie dich gut beschützen,
weil du es verdienst.

Mit der Geburt treten wir ins Licht der sichtbaren Welt. Das Licht der anderen Welt sind die Engel. »Es werde Licht!«: Mit diesen Worten beginnt das Leben. Worte des Lichtes stehen am Anfang der Schöpfung. Das Licht des ersten Schöpfungstages aber begleitet uns ein Leben lang. In Momenten blitzhaften Erkennens leuchtet es plötzlich auf. Wir wissen nicht, wie lange unser Lebenslicht leuchten wird, doch am Ende werden wir in das Licht des Anfangs zurückkehren.

Licht begleitet uns,
Licht leuchtet in uns,
Licht kommt uns entgegen.
Wir sind Kinder des Lichtes.
Was ist Geburt?

Eintauchen in das Wunder des Lebens.
Was Wiedergeburt?
Rückkehr in das Geheimnis.

Engelikonen: Der Himmel auf Erden

Vor vielen Jahren habe ich auf einem Flohmarkt in Aschaffenburg ein schönes, altes Schutzengelbild erworben. Als ich später im schwedischen Närlunda ein altes Haus kaufte, nahm ich das Engelbild mit und brachte es an der Wand über der Treppe zum ersten Stock in Rosenlund an. Am 15. April 2006 feierten Freunde von uns, Reimund und Irene, ihre goldene Hochzeit in Rosenlund. Als Irene am Morgen des Hochzeitstages aufstand und die Treppe hinuntergehen wollte, rutschte sie aus und stürzte kopfüber hinab. Sie hatte keine ernsthaften Verletzungen.

Alexej, mein alter russischer Hausarzt, ist davon überzeugt, dass Engelbilder Wunder bewirken können. Die Gläubigen in Russland verehren Engelikonen. Sie gehen vor ihnen auf die Knie wie vor einem lebendigen Engel und küssen das Bild, weil sie glauben, von ihm gehe eine übernatürliche Macht aus. Doch nicht jeder Künstler darf eine Engelikone malen. Für die Darstellung gibt es uralte Vorlagen, an die er sich streng zu halten hat. Aber nicht durch die Kunst des Malers, sondern erst durch die Weihe eines Priesters wird ein Engelbild zu einer echten Ikone und damit zu einem Bild, das Wunder bewirken kann. Denn Ikonen sind Fenster zur Ewigkeit. Ihr Goldglanz ist Licht von »drüben«. Der Engel auf der Ikone will in das Leben des Betrachters hineintreten. Er bringt den Himmel auf Erden.

Die berühmteste Engelikone der russisch-orthodoxen Kirche zeigt die drei Engel Gabriel, Raphael und Michael an einem

Tisch. In ihrer Mitte steht ein Abendmahlskelch. Diese Ikone wurde von dem Mönch und Maler Andrej Rublev (1360 bis 1427) auf eine Holzplatte (142 × 114 cm) gemalt. Pavel Florenskij hat über die »Troica« genannte Ikone den berühmten Satz gesagt: »Es gibt die Dreifaltigkeit Rublevs, folglich gibt es Gott.«

Rublev entwarf sie um 1425 für das Dreifaltigkeitskloster in Sergiev Posad bei Moskau. Heute hängt die Dreifaltigkeitsikone in der Tretjakov-Galerie in Moskau. Eigentlich gehören Ikonen in ein Gotteshaus, denn sie sind mehr als Bilder einer Ausstellung. Ikonen sind Kunst zum Niederknien. Im Sommer 2007 konnte man Ikonen aus der Tretjakov-Galerie in der Ausstellung »Russlands Seele« in der Bonner Kunst- und Ausstellungshalle der Bundesrepublik Deutschland betrachten. Rublevs Engelikone fehlte. Sie ist den Russen so heilig, dass sie nicht auf Reisen gehen darf. Ich habe Abbildungen von dieser Ikone noch in den entferntesten Winkeln Russlands gesehen, zum Beispiel hoch oben im ewigen Eis der Arktis auf Franz-Joseph-Land.

Andrej Rublev malte die drei berühmten Engel, die einst Abraham und Sara im Hain Mamre besucht hatten, wie es im Alten Testament (Genesis 18) erzählt wird. Gabriel, Raphael und Michael kamen, um dem Ehepaar die Geburt eines seit Langem ersehnten Sohnes anzukündigen. Abraham bewirtete sie und tischte ihnen Kuchen, Kalbfleisch, Butter und Milch auf. Über Jahrhunderte wurde Abrahams Tisch, an dem die Engel gegessen haben sollen, als Reliquie in der Michaelskapelle des kaiserlichen Palastes von Konstantinopel verehrt. Später stand er im südlichen Seitenschiff der Hagia Sophia. Eine Ikone mit den drei Engeln war als sichtbarer Kommentar zur Reliquie neben dem Tisch Abrahams aufgestellt.

Andrej Rublev nimmt auf diese alte Geschichte Bezug, aber er verändert sie auch. Er zeigt die drei Engel bei einem anderen

Mahl, denn vor ihnen steht jetzt keine weltliche, sondern eine himmlische Speise: der Abendmahlskelch mit Wein. Rublevs Engel strahlen vollendete Harmonie und unergründliche Tiefe aus. Zwei Engel halten Blickkontakt, der dritte neigt in Gedanken versunken sein Haupt. Der Engel in der Mitte weist mit der rechten Hand auf den Wein, das Blut Christi. Das Thema der Ikone ist die Wandlung, die Gegenwart Christi im Kult der Kirche. In der russisch-orthodoxen Kirche findet diese Wandlung hinter der Ikonostase statt. Die Ikonostase ist eine Bilderwand mit Ikonen, die den Altarraum von der Gemeinde trennt. Sie schützt das Geheimnis und zugleich die Gemeinde. In der katholischen Kirche vollzieht der Priester das Messopfer vor den Augen der Gemeinde. Auch hier wird Christus in Wein und Brot gegenwärtig. Seine reale Gegenwart ist das Geheimnis des Glaubens. Bei der Feier dieses Mysteriums umgeben Messdiener den Priester wie Engel den Thron Gottes. So wird die christliche Gemeinde bei der Feier einer Messe selbst zur Ikone. Gott und seine Engel sind gegenwärtig. Deshalb stimmt die Gemeinde in den ewigen Gesang der Seraphim, das Trishagion, ein:

Heilig, heilig, heilig ist der Herr Zebaoth,
alle Lande sind seiner Herrlichkeit voll!

Jesaja 6,3

Die Verwandlung wiederholt sich in unserem Leben, wenn wir am Messopfer der Kirche teilnehmen. Engelikonen deuten dieses Geheimnis an: Der verborgene und unsichtbare Gott ist in ihnen anwesend. In tiefem Schweigen, so lehren Rublevs Engel, soll auch der Mensch diesem Mysterium begegnen, denn auch wir können uns immer wieder neu von der Kraft der Liebe verwandeln lassen. Von diesem Wunder erzählen die Ikonen nicht nur, sondern sie bewirken es im Betenden.

Verwandlung ist Gnade: Manchmal erfährt man glückliche Momente der Vollendung mitten im Leben. Doch kann man sich ein vollendetes Leben als Dauerzustand nur schwer vorstellen, solange man auf dem Lebensweg ist. Verwandlung ist ein Prozess. Er dauert ein ganzes Leben lang, und noch der Tod wird ein Moment der Verwandlung sein. Das Geheimnis dieser Verwandlung deutet der goldgelbe Hintergrund der Engelikone an. Golden leuchten auch die Blätter in der Herbstsonne. Sie haben das Licht des Sommers in sich aufgenommen. In diesem Mysterium der Wandlung wird sich unser Leben vollenden. Einst wird auch für unser Leben die Erntezeit beginnen.

Reife bedeutet,
den keimhaft in unserem Wesen eingeschlossenen Engel
zur vollen Entfaltung zu bringen.

Wladimir Lindenberg

Mensch, lerne tanzen und singen: Die neun Chöre der Engel

In ihrer Komödie »Erleuchtung garantiert« zeigt Doris Dörrie zwei Männer auf der Suche nach Selbstfindung. Die Midlife-Crisis hat sie voll gepackt. In einem japanischen Kloster suchen sie die Erleuchtung und finden sie natürlich nicht, denn niemand kann eine Erleuchtung garantieren, und in einem spirituellen Crashkurs ist sie auch nicht zu finden.

Erleuchtung ist die Erfahrung der Mitte. Ein Licht geht in der Seele auf. Wir blicken wieder durch. Das Wesentliche wird sichtbar. Wir erkennen den Sinn des Lebens, wissen, warum wir auf der Welt sind und was unsere Aufgabe ist. Erleuchtung aus der Fülle der Selbsterkenntnis ist ein langer spiritueller Prozess. Er beginnt mit der Sehnsucht nach wahrer Liebe.

In der Engelwelt, so lehren Dionysios Areopagita und Hildegard von Bingen, sind die Seraphim für diesen zündenden Funken zuständig. Ihnen folgen die Engel der Erleuchtung oder die Cherubim. Zusammen mit sieben weiteren Engelgruppen bilden sie die neun himmlischen Chöre der Engel. Diese werden auch heilige himmlische Ordnung oder himmlische Hierarchie genannt und sind wie der Bauplan der Natur mit seinen Millionen unterschiedlicher Pflanzen und Tiere eine Art Grundriss der geistigen Welt. Hierin hat die kirchliche Hierarchie ihr spirituelles Vorbild. Die Ordnung der Kirche vom Papst über den Bischof und die Priester bis hin zu den Diakonen sollte ursprünglich ein sinnlich erfahrbares Spiegelbild der himmlischen Ordnung der Engelchöre sein.

Christliche Mystikerinnen wie Hildegard von Bingen haben in den neun Engelchören ein Meditationsbild gesehen. Sie sprechen nicht nur von der himmlischen Ordnung, sondern vom inneren Reich der Seele. Sie erinnern daran, dass alles Lebendige eine Ordnung braucht, um einwurzeln, wachsen und blühen zu können. Die Ordnung der Engel ist also ein Gleichnis für das Geheimnis der menschlichen Seelenordnung. Ihre Botschaft lautet:

Engel und Mensch brauchen eine Mitte, aus der sie leben, die ihnen Kraft gibt und Orientierung schenkt.

Es gibt viele verschiedene Möglichkeiten, diese Mitte zu sehen. Niemand besitzt die ganze Wahrheit. Habe Achtung vor den Erfahrungen anderer Menschen.

Zu einem guten Chor gehören viele Stimmen. Auch deine ist wichtig, auch du wirst gebraucht. Auf dich kommt es an.

Über die Zahl der Engelchöre gibt es unterschiedliche Überlieferungen. Das Judentum spricht von sieben Chören, weil ihm die Zahl Sieben heilig ist. In der Tobitlegende des Alten

Testaments stellt sich daher der berühmte Schutzengel Raphael mit folgenden Worten vor:

Denn ich bin Raphael,
einer von den sieben Engeln,
die vor dem Herrn stehen.

Tobit 12,15

Der christliche Mystiker Dionysios Areopagita sprach von neun Chören der Engel. Die Neun war ihm wichtig, weil in ihr die heilige Zahl der Dreieinigkeit (Trinität) von Vater, Sohn und Heiligem Geist drei Mal enthalten ist. Für Dionysios und die Kirche waren die Engel Boten des dreieinigen Gottes. Der Mystiker aus dem 6. Jahrhundert hat uns mit diesen himmlischen Chören ein Meditationsbild der Ökumene geschenkt, an dem wir uns noch im dritten Jahrtausend orientieren können. Unter den Menschen und Engeln gibt es unterschiedliche Begabungen, sagt es uns. Wie zu einem Chor viele Stimmen gehören, so auch zu jeder Partnerschaft, zu jeder Familie, zu jedem Land und zur Weltgemeinschaft. Auch die Kirche lebt aus der Vielzahl der Stimmen, die in unaufhörlichem Lobpreis Gottes von seiner Herrlichkeit und der Schönheit der Schöpfung Zeugnis ablegen. Wenn Augustinus in seinem berühmten Wort vom Tanz der Engel spricht, dann hat er die neun singenden und tanzenden Chöre der Engel vor Augen. Über den besonderen Auftrag der einzelnen Chöre schreiben Dionysios Areopagita und Hildegard von Bingen:

Erster Chor: Seraphim

Seraphim sind Engel der Liebe. Ihr Name deutet bereits ihr Wesen und ihre Aufgabe an. Sie sind »Entflammer« oder »Erhitzer«. Seraphim sind von einem flammenden Liebesverlangen durchdrungen. Ihre Symbole sind das Feuer, ein brennendes Herz, flammende Flügel und feuerfarbene Kleider. Sie sind die Verkörperung der höchsten Liebe, zu der Mensch und Engel fähig sind.

Seraphim haben die Aufgabe, das Feuer der Gottesliebe zu entfachen. Menschen, die vom Geist der Seraphim durchdrungen sind, werden »seraphisch« genannt. So war Franz von Assisi ein seraphischer Heiliger. Von einem Seraph erhielt er die Stigmata, das sind die fünf Wundmale Jesu. Mit ihrer flammenden Liebe entzünden die Seraphim den Herzensgrund. In der Osternacht geht der griechisch-orthodoxe Patriarch von Jerusalem mit Kerzen in das dunkle heilige Grab. Nach einem Gebet tritt er mit brennenden Kerzen wieder vor die Gemeinde. Es heißt, ein Seraph habe sie entzündet. Seraphim stehen in der Engelhierarchie an erster Stelle.

Zweiter Chor: Cherubim

Cherubim sind Weisheitsengel. Sie schauen Gott von Angesicht zu Angesicht, besitzen die vollkommene Gotteserkenntnis und geben diese Erleuchtung weiter. Ihr Name bedeutet »Fülle des Wissens«. Cherubim sind dem Verstand und der Erkenntnis zugeordnet, Seraphim dem Herzen. In der Malerei werden Cherubim durch verschiedene Symbole kenntlich gemacht: Ein Dreieck auf der Brust, in dem sich das Gottesauge befindet; manchmal halten sie einen Himmelsglobus, Buch und Siegel oder tragen ein Sterndiadem. In der byzantinischen Liturgie wird der Cherubim-Hymnus gesungen, wenn Brot und Wein zum Altar gebracht werden. Die Seraphim entflammen das Herz mit Gottesliebe. Cherubim haben anschließend die Aufgabe, die Seele des Menschen mit göttlichem Licht zu erhellen. Sie setzen das Werk der Seraphim fort, indem sie der Seele die göttliche Erleuchtung schenken. Deshalb können sie auch als Engel der Erleuchtung oder Engel des dritten Auges bezeichnet werden.

Auf Erden gleichen ihnen die Propheten, Mystiker und alle Menschen, die sich Visionen öffnen und zu träumen wagen. Sie sind eine Feder auf dem Atem Gottes. Cherubim haben sechs Flügel voller Augen. Sie besitzen die Fülle des Wissens, ihr Blick durchdringt alles und schaut auf den Kern der Dinge. Auch wir sollen uns auf dem Weg zur Mitte von keiner Äußerlichkeit ablenken lassen und uns auf das Wesentliche konzentrieren.

In zahlreichen Liedern werden Cherubim und Seraphim als Vorbilder der Gottesliebe besungen. Ihre sechs Flügel verweisen auf die sechs Schöpfungstage. Der Prophet Ezechiel sah in einer Vision sechsflügelige Cherubim (Ezechiel 1,1–28; 10,5ff.) mit den vier Gesichtern von Mensch, Löwe, Stier und Adler. In christlicher Zeit wurden sie zu Symbolen der vier Evangelisten, weil auch sie die Fülle der Erkenntnis der göttlichen Geheimnisse erlangt hatten.

Erleuchtung wird geschenkt, damit sie weitergegeben wird – dies lehrt das Beispiel der Cherubim. Sie reichen die Flamme der Selbsterkenntnis an Menschen weiter, die mehr Licht in die Welt bringen wollen und andere begleiten, damit auch sie lernen, mit dem dritten Auge oder dem Auge der Seele auf den Grund der Dinge zu schauen.

Dritter Chor: Throne

Wenn die Engel im dritten Chor »Throne« genannt werden, schwingen zwei Bedeutungen mit: zum einen ihre Nähe zu Gott, zum anderen leuchtet in ihnen das Bild des Tragens auf. Throne sind »Gottesträger«, deshalb werden sie auch mit Maria verglichen, die Gottes Sohn in ihrem Leib getragen hat. Die Throne erglühen wie das Morgenrot, sie kündigen die Geburt eines neuen Tages an. Diese Engel sind ein Vorbild für die Seele: Auch sie soll ja Gottesträger oder Thron Gottes werden.

Vierter Chor: Herrschaften

Die Engel des vierten Chores fallen durch ihre äußere Erscheinung besonders auf. Sie tragen einen Helm und eine Tunika. Als einzige der Engel haben sie nicht nur ein Menschenantlitz, sondern auch Menschenfüße. Sie sind ein Bild des edlen Wesenskerns des Menschen, der von Gott gut und mit schöner Gestalt geschaffen worden ist. Christus hat den Menschen aufgerichtet zu einer Herrschaft im Dienst Gottes. Hochherzigkeit, Adel der Seele und das Licht der Vernunft gehören zum Wesen des Menschen. Heute ist die Vorbildfunktion der Herrschaften besonders für die Wissenschaft notwendig. Sie muss darauf achten, dass die Gabe der Vernunft im Dienst der Menschlichkeit steht und weder von Biotechnologen noch von Atomphysikern missbraucht wird.

Fünfter Chor: Mächte

Je stärker das Licht, desto größer die Gefahr des Übermutes – das hatte der Fall Luzifers gezeigt. Deshalb umkreist der vierte Chor der Engel wie ein mächtiger Schutzschild aus Licht das Geheimnis Gottes. Wie alle Engel, so haben auch diese Engel ihre Macht nicht aus sich selbst. Sie sind »die Bevollmächtigten Gottes«.

Die Mächte Gottes haben im spirituellen Prozess die wichtige Funktion der Grenzziehung. Mit schnellem Schritt und Himmelsstürmerei kommt die Seele dem Geheimnis der Mitte nicht näher. So lehren die Mächte eine wichtige weitere Voraussetzung auf dem Weg zur Mitte: Es ist die Haltung der Ehrfurcht. Ohne sie hat kein Gemeinwesen Bestand.

Sechster Chor: Fürstentümer

Die Engelfürsten sind um das Wohlergehen der Menschen in den politischen Gemeinden besorgt. Sie erinnern daran, dass jede Berufung in ein Amt auch eine Verpflichtung beinhaltet, denn alle Macht ist nur verliehen, und derjenige, der sie verliehen hat, wird Rechenschaft einfordern.

Fürstentümer oder Engelfürsten sind in besonderer Weise Vorbild für alle Menschen, die sich politisch engagieren. Sie sind temperamentvoll, erfüllt von glühendem Eifer für die Wahrheit, sie lehren Gerechtigkeit, Beständigkeit und die Ausrichtung der Politik am Vorbild der Nächstenliebe.

Siebter Chor: Kräfte

Spirituelle Erfahrungen können ein wohliges Gefühl hinterlassen. Damit es nicht in falscher Selbstbezogenheit verglüht oder in Selbstverliebtheit keine Folgen für das Leben hat, gibt es den Dienst der Engel mit dem Namen »Kräfte«. Sie verbreiten die Kraft Gottes und knüpfen unmittelbar an den Dienst der Erzengel an. Das Licht soll nicht unter den Scheffel gestellt werden, und die Stadt auf dem Berg soll leuchten. Deshalb erfüllen die Kräfte das Herz mit brennender Liebe. Sie nähren weiterhin die Flamme des Herzens, indem sie den Menschen eine klare Entscheidung, ein Ja oder Nein abverlangen. Als Wegbegleiter haben sie den Auftrag, zu bewirken, dass die Gottesliebe auch Konsequenzen in der Lebensführung hat. Sie schenken Klarheit der inneren Erkenntnis und helfen in allen Anfechtungen.

Kräfte heißen diese Engel, weil sie der Seele Kraft schenken. Die Kräfte sind Tugenden, die im Menschen angelegt sind, aber durch Engelkräfte geweckt, gefördert und zur Wirksamkeit entfaltet werden müssen. Hinter jeder Tugend steht ein Engel. Engeltugenden sind: Nächstenliebe, Gottesfurcht, Gehorsam, Glaube, Keuschheit, Liebe, Selbstzucht, Mitleid, Urteilskraft, Geduld, Demut.

Achter Chor: Erzengel

Erzengel sind mit Hebammen vergleichbar. Sie bereiten die spirituelle Gottesgeburt im Herzen vor. Ihre Aufgabe ist, unserem Blick eine himmlische Ausrichtung zu geben. Allerdings erweitern sie die Blickrichtung auf Christus. Deshalb werden sie Erzengel genannt. Die Vorsilbe »erz-« hat eine verstärkende Wirkung wie etwa in dem alten Wort »erzgescheit«. Wie der Erzbischof in der kirchlichen Hierarchie über dem Bischof steht, so der Erzengel in der himmlischen Hierarchie über dem Engel. Allerdings ist mit dem Gedanken der »heiligen Ordnung« keine Wertung der Person verbunden. Vor Gott sind alle gleich, ob Engel oder Erzengel, Diakone oder Kurienkardinäle.

Neunter Chor: Engel

Wie der Planet Pluto in unserem Sonnensystem, so bewegen sich die Engel im größten Abstand um die göttliche Mitte. Damit ist kein Werturteil verbunden. Die Außenposition der Engel ergibt sich aus ihrer Aufgabe als Mittler zwischen Himmel und Erde. Sie begleiten Menschen und setzen in ihnen positive Energien und Werke des Lichts frei. Sie erhellen und erleuchten die Seele und erinnern sie an ihre himmlische Heimat. Als Erzieher strahlen sie eine motivierende geistige Schönheit aus. Engel sind für jeden da, ob Christ oder Atheist. Der Name »Engel« leitet sich aus ihrem Auftrag ab: Sie sind Boten des Himmels und wollen den Blick der Seele himmelwärts richten.

Der Traum vom zehnten Engelchor: Tanzende Kirche

Für den Himmel über uns sind die Astronomen und Physiker zuständig; für den Himmel in uns die Mystiker. Die Engelchöre liegen nicht hinter dem Andromeda-Spiralnebel oder in einem fernen Sternenhaufen. Kein Raumschiff wird sie jemals aufstöbern, kein elektronischer Funkspruch sie erreichen, kein

Spiegelteleskop ihr Bild einfangen. Ein Wort der Liebe, ein Stoßgebet, ein Halleluja genügt. Das Bild von der Einheit in der Vielzahl der Stimmen ist eine Vision. Hildegard von Bingen schaute die Engelchöre in einem inneren Bild. Die himmlischen Hierarchien der Engel wollen auch in uns geboren werden. Es geht dabei nicht um Wissenschaft und richtige oder falsche Deutungen, sondern um Inspirationen für neue zukunftsweisende Wege.

Eine der großen Gefahren unserer Zeit ist die Selbstbezogenheit. Engel dagegen inspirieren zu jener Einheit, um die Christus betete, »damit sie alle eins seien« (Johannes 17,17–21). Engel stellen Vernetzungen her, sind kontaktstark und kommunikativ. Engel sind keine Egoisten. Wenn sie zu einem Leben in Freude und Freiheit inspirieren, dann öffnen sie auch unser Herz für alles Gute, das uns zuströmen will. Tanzen sollen wir lernen, sagte Augustinus, tanzen und singen, sonst wissen die Engel im Himmel nichts mit uns anzufangen.

Auf dem Seminar im Berner Oberland hatte Felicitas einen Engelreigen getanzt. »Ich fühlte mich unendlich glücklich, beschwingt und inspiriert. Ich war im Einklang mit allem, was lebt«, sagte sie damals. Als sie wieder zu Hause war, merkte sie, wie sich diese inspirierende Erfahrung allmählich verflüchtigte. Gewiss macht es Freude, unter der Dusche zu singen oder sich alleine nach einer wunderbaren Melodie zu bewegen. Die Chöre der Engel aber laden ein zu gemeinsamem Gesang und Tanz. Wer diesen Ruf vernimmt, der tritt ein in den zehnten Engelchor, von dem die Mystiker des Mittelalters gesprochen haben. Dieser Chor ist die mystische Kirche des glaubenden Herzens. In dieser Kirche wird niemand gefragt, ob er katholisch oder evangelisch, orthodox oder freikirchlich ist. Hier wird im Reigen der Freude getanzt und ein neues Lied gesungen:

Tritt hinzu.
Siehe, da öffnet sich der Kreis.
Ein Engel reicht dir seine Hand.
Lerne Tanzen,
lebe deine Inspiration!

9. Praktisches und Weiterführendes

Engelfilme

Die erste Frankfurter Engelfilmwoche »Only Angels Have Wings« (19. bis 26. September 1997) zeigte, in welcher Vielfalt Engel auf der Leinwand fliegen gelernt haben. Ähnlich wie im Schlager und der Musik steigt die Zahl der Engelfilme ins Unüberschaubare. Viele sind leichte Unterhaltung für Kinder wie der Film »Engel, es gibt sie doch!«, in dem ein ganzes Engelheer eine Baseballmannschaft vor dem Abstieg bewahrt. Andere tragen den Engelnamen nur im Titel, wie Sternbergs »Der blaue Engel« (1930) mit Marlene Dietrich. Der bedeutendste Engelfilm ist zweifellos Wim Wenders‹ »Der Himmel über Berlin« (1986), für den ihm am 15. November 1995 den Ehrendoktor der Theologischen Fakultät der Universität Fribourg/Schweiz verliehen wurde.

Zu seinen ernst zu nehmenden Vorgängern gehören Jean Cocteaus »Orphée« (1949) und Pier Paolo Pasolinis »Teorema« (1968). Alle Jahre wieder zeigt das Fernsehen den rührenden Engelfilm »Ist das Leben nicht schön?« (1947) mit James Stewart in der Hauptrolle, oder Ingmar Bergmans grandiose Pubertätsparabel »Fanny und Alexander« (1982), in dem ein strenger androgyner Engel die Halbwaisen Fanny und Alexander aus der Umklammerung ihres Stiefvaters befreit. Bergman hat eine der eindrucksvollsten filmischen Darstellungen des Schutzengels geschaffen.

Die Liebe zwischen einem Engel und einem Hermaphroditen, für die Genet und Lautréamont Paten gestanden haben, wurde in Maggie Jaillers »A Nosegay« (1986) erzählt. Sadomasochistische Fantasien mit Engeln spielen in Isaac Juliens »The Attendant« (1992) eine zentrale Rolle. Roger Vadim entwarf den ersten Sciencefiction-Engel fürs Kino. In »Barbarella« (1968) mit Jane Fonda verkörpert John Phillip Law den blinden Engel Pygar. Der gefallene Engel wurde von Kenneth Anger in »Lucifer Rising« (1966) verherrlicht. Der rebellische Engel Lucifer sei ein Vorbild, sagt Anger, und der Ungehorsam der Schlüssel zur Freude.

Die älteste filmische Darstellung von Engeln findet sich in Charles Chaplins »The Kid« (1920). In einer Traumsequenz am Ende des Filmes verwandelt sich ein amerikanischer Slum in das Paradies. Alle haben Flügel, sogar der Hund. Ken Russells »Amelia and the Angel« (1958) erzählt von der Sehnsucht eines kleinen Mädchens, Flügel zu bekommen. »Wenn die Engel fallen« (1959) von Roman Polanski zeigt die Erinnerungen einer alten Toilettenfrau. Engel im Straßenalltag der Großstadt haben Ute Aurand und Ulrike Pfeifer mit »Oh! – Die vier Jahreszeiten« (1988) ins Bild gesetzt, und Daniel Eisenbergs »Persistence« (1997) spielt mit der Berliner Siegessäule. Beide benutzen damit Motive aus Wim Wenders' Engelfilm, der das alte Motiv der Menschwerdung einiger Engel (Genesis 6,1–4) aufgreift. Die Engel Damiel und Cassiel kommen auf die Erde, flanieren durch den Ost- und Westteil Berlins und durchschreiten ungehindert die damals noch existierende Mauer. Ihr liebster Aufenthaltsort ist eine Bibliothek. Lesende Menschen üben die Kontemplation in geistigen Welten. Hier fühlen sich die Engel wie unter Ihresgleichen. Während die Kinder eine Art Engelsblick haben, mit dem sie Damiel und Cassiel direkt sehen können, erfahren Erwachsene ihre Anwesenheit in Momenten der angehaltenen Zeit als einen Impuls der Hoffnung, als Sinneswandel oder durch die Liebe. Wenders' Engel sind jedoch nicht allmächtig. In ihrem Wunsch, Menschen zu helfen, stoßen sie gelegentlich an Grenzen. Im Zentrum des vielschichtigen Films steht die Liebesgeschichte zwischen dem Engel Damiel und der Seiltänzerin Marion. Um ihretwillen gibt der Engel seine himmlische Existenz auf und wird Mensch. So mündet der Film in einem vielstimmigen Hymnus auf das irdische Leben. »Endlich ahnen, statt immer alles zu wissen. ›Ach‹ und ›Oh‹ und ›Ah‹ und ›Weh‹ sagen können, statt ›Ja‹ und Amen'!«, sagt der Engel Damiel, »Fieber haben, schwarze Finger vom Zeitungslesen, sich nicht immer nur am Geist begeistern, sondern endlich an einer Mahlzeit, einer Nackenlinie, einem Ohr. Lügen! Wie gedruckt! Beim Gehen das Knochengerüst an sich mitgehen spüren.«

Der Engel Damiel wurde von Bruno Ganz, Cassiel von Otto Sander dargestellt. Solveig Dommartin spielte die Seiltänzerin Marion. Das Drehbuch schrieb Peter Handke. Die Engelnamen tragen die typische Endung »el« (Gott). Ein Engel mit dem Namen »Damiel« ist in der Engelforschung unbekannt. Er findet sich auch nicht unter den Namen der gefallenen Engel. »Damiel« ist also eine Neubildung des Autors. Der Name »Cassiel« taucht in dem Verzeichnis der »Tagesengel« des Engelwerkes unter dem 12. November auf. Dort trägt er eine lederne Geißel, kann also nicht das Vorbild des sanften Cassiel aus Wim Wenders' Film sein.

»In weiter Ferne, so nah!« (1993) lautet der Titel der Fortsetzung des Filmes. Dieses Mal wird der Engel Cassiel Mensch. Als Karl Engel sucht er im Irdischen heimisch zu werden. Unter den Darstellern dieses weniger bekannten Engelfilmes von Wim Wenders finden sich Michail Gorbatschow, Lou Reed, Heinz Rühmann und Peter Falk, der bereits im ersten Teil die Rolle eines menschgewordenen Engels spielte.

Seit dem 2. November 2000 schwebt ein Bild des Engels Damiel aus Wim Wenders' Film achtzehn Meter hoch über allem Irdischen an der Fassade eines neuen Bürohauses in Prag. Der Schauspieler Bruno Ganz stand Pate. Der Bürokomplex heißt »Zlaty Andel« (Goldener Engel) und wurde von dem französischen Architekten Jean Nouvel entworfen.

Literatur über Engel

Gerhard Adler. Erinnerung an die Engel. Wiederentdeckte Erfahrungen, Verlag Herder, Freiburg 1986.

Al-Qazwini. Die Wunder des Himmels und der Erde, Goldmann Verlag, München 1988.

Ivan Bentchev. Engelikonen. Machtvolle Bilder himmlischer Boten, Verlag Herder, Freiburg 1999.

Dionysius Areopagita. Über die beiden Hierarchien. Bibliothek der Kirchenväter, Kösel Verlag, München 1911.

Romano Guardini. Der Engel des Menschen, in: Wahrheit und Ordnung. Universitätspredigten, Werkbund Verlag, München 1955, S. 131–140.

Hildegard von Bingen. Wisse die Wege. Scivias, Otto Müller Verlag, 8. Auflage, Salzburg 1987.

Theodor Bogler OSB (Hrsg.). Die Engel in der Welt von heute, Verlag Ars Liturgica, Maria Laach 1957.

Wladimir Lindenberg. Gottes Boten unter uns, Ernst Reinhardt Verlag, München 1974.

Martin Luther. Sermon von den Engeln. 29. September 1530, in: Weimarer Ausgabe, Band 32, S. 111–121.

Gitta Mallasz. Die Antwort der Engel, Daimon Verlag, 10. Auflage, Einsiedeln 1996.

Gitta Mallasz. Die Engel erlebt, Daimon Verlag, 4. Auflage, Zürich 1993.

Walter Nigg/Karl Gröning. Bleibt, ihr Engel, bleibt bei mir, Propyläen Verlag, Berlin 1978.

Elisabeth Noelle-Neumann. Engel. Glaube und Erfahrung diesseits der Esoterik. Eine Umfrage von 1997, Institut für Demoskopie Allensbach 1997, München 1997.

Elisabeth Noelle-Neumann: Begegnung mit dem Engel. Über Engelglaube und Engelerlebnisse, Allensbacher Berichte Nr. 26/2000.

Erik Peterson. Das Buch von den Engeln. Stellung und Bedeutung der Heiligen Engel im Kultus, Jakob Hegner Verlag, Leipzig 1935.
Realenzyklopädie für Antike und Christentum (RAC). Artikel »Engel«, Band X, 1962. Spalte 53–322. Hier finden sich ein Katalog mit 269 Engelnamen von Johann Michl (Spalte 200–258) und eine Auflistung früher Engeldarstellungen in der Kunst (Spalte 258–322) von Theodor Klauser.
Ingrid Riedel. Engel der Wandlung. Die Engelbilder Paul Klees, Verlag Herder, Freiburg 2000.
Alfons Rosenberg. Begegnung mit Engeln, Otto-Wilhelm-Barth-Verlag, München 1956.
Alfons Rosenberg. Michael und der Drache. Urgestalten von Licht und Finsternis, Walter Verlag, Olten 1956.
Alfons Rosenberg. Engel und Dämonen. Gestaltwandel eines Urbildes, Prestel Verlag, München 1967.
Gershom Scholem. Walter Benjamin und sein Engel, Suhrkamp Verlag, Frankfurt a. M. 1983.
Hans-Werner Schroeder. Mensch und Engel. Die Wirklichkeit der Hierarchien, Urachhaus Verlag, Stuttgart 1979.
Joé Snell. Der Dienst der Engel. Erlebnisse einer Krankenschwester an Kranken- und Sterbebetten, Turm Verlag, Bietigheim 1960.
Rudolf Steiner. Was tut der Engel in unserem Astralleib? Rudolf Steiner Verlag, Dornach 1996.

Bücher von Uwe Wolff zum Thema

Breit aus die Flügel beide. Von den Engeln des Lebens, Verlag Herder, Freiburg 1993.

Gottesdämmerung. Auf den Spuren einer Sehnsucht, Verlag Herder, Freiburg 1994.

Unter Deinen Flügeln geborgen. Legenden vom Geheimnis der Engel, Verlag Herder, Freiburg 1995.

Der gefallene Engel. Von den Dämonen des Lebens, Verlag Herder, Freiburg 1995.

Und der Engel ließ mich nicht los. Erfahrungen mit unsichtbaren Freunden, Verlag Herder, Freiburg 1996.

Alles über Engel. Aus dem himmlischen Wörterbuch, Verlag Herder, Freiburg 2001.

Alles über die gefallenen Engel. Aus dem Wörterbuch des Teufels, Kreuz Verlag, Stuttgart 2002.

Sieben Engel hat der Mensch. Wie sie dich durchs Leben leiten, Kreuz Verlag, Stuttgart 2003.

Das kleine Buch vom Schutzengel, Kreuz Verlag, Stuttgart 2003.

Jeder Tag hat seinen Engel, Kreuz Verlag, Stuttgart 2003.

Der Engel der Stille behüte dich, Gütersloher Verlagshaus, Gütersloh 2005.

Kinderbriefe an den Schutzengel, Gütersloher Verlagshaus, Gütersloh 2006.

Das neue große Buch der Engel, Gütersloher Verlagshaus, Gütersloh 2006.

Quellenangaben

Luciano de Crescenzo: »Wir sind Engel …« (Quelle unbekannt)

Spanisches Wiegenlied. Aus: Flamenco-Lieder. Übersetzt von Christof Jung. Jakob Hegner Verlag, Köln 1970, S. 85

Nelly Sachs: »Ihr Ungeübten …« Aus: Nelly Sachs. Späte Gedichte. Suhrkamp Verlag. Frankfurt a. M. 1965.

Psalm 91, 11–12. Aus: Lutherbibel, revidierter Text 1984, durchgesehene Ausgabe in neuer Rechtschreibung. © 1999 Deutsche Bibelgesellschaft. Stuttgart

Ernst Jünger: »[…] das Wirkliche …« Aus: Ernst Jünger. Sizilischer Brief an den Mann im Mond. In: Sämtliche Werke. Band 9. Das Abenteuerliche Herz. Klett-Cotta, Stuttgart. 1979

Ernst Jünger: »Nach Mitternacht …« Aus: Ernst Jünger. Zwei Mal Halley. Klett-Cotta, Stuttgart 1987

Hildegard von Bingen: »Nicht als ob die Engel Flügel …« Hildegard von Bingen, *Scivias – Wisse die Wege* © Otto Müller Verlag, 9. Auflage, Salzburg 1996

Uschi Neuhauser: »Ich habe ihn gesehen …« © Stern 48/89 S. 140 «Der wahre Engel«

Alfons Wilhelm Rosenberg: »Eine ungewöhnliche Erregung bemächtigte sich meiner …« Aus: Alfons Rosenberg. Begegnung mit Engeln. Otto Wilhelm Barth Verlag, München 1956, S. 100

Bernhard von Clairvaux: »Du würdest ihn gar nicht suchen …« Aus: Bernhard von Clairvaux. Weil mein Herz bewegt war. Übersetzt und eingeleitet von Elisabeth Hense. Verlag Herder, Freiburg im Breisgau 1990, S. 59

Dietrich Bonhoeffer: »Von guten Mächten wunderbar geborgen …« Aus: Dietrich Bonhoeffer. Widerstand und Ergebung. Gütersloher Verlagshaus. 1976. 9. Auflage. S. 204. © by Gütersloher Verlagshaus, Gütersloh, in der Verlagsgruppe Random House GmbH, München

Dietrich Bonhoeffer: »Aber ich habe immer wieder…« Aus: Dietrich Bonhoeffer. Widerstand und Ergebung. Gütersloher Verlagshaus. 1976. 9. Auflage. S. 205. © by Gütersloher Verlagshaus, Gütersloh, in der Verlagsgruppe Random House GmbH, München

Marie Luise Kaschnitz: »Sagt mir doch nicht…« Aus: Marie Luise Kaschnitz: Überallnie © 1965 Claassen Verlag in der Ullstein Buchverlage GmbH, Berlin

Psalm 57,2. Aus: Lutherbibel, revidierter Text 1984, durchgesehene Ausgabe in neuer Rechtschreibung. © 1999 Deutsche Bibelgesellschaft. Stuttgart

Anselm Grün: »Wenn du deinen Engeln traust…« Aus: Anselm Grün: Das kleine Buch der Engel. Wünsche, die von Herzen kommen. Herausgegeben von Anton Lichtenauer. Verlag Herder, Freiburg im Breisgau, 10. Auflage 2009, S. 45

John Henry Newman: »Aber jedes Lüftchen …« Aus: John Henry Newman, Gebete und Betrachtungen, Kösel-Verlag in der Verlagsgruppe Random House, München 3. Auflage 1995.

Friedrich Cramer: »Eine Himmelsleiter…« Aus: Friedrich Cramer. Kindheit, Jugend und Krieg. Erinnerungen. Insel Verlag. Frankfurt 1995. S. 296f.

Noa Ben-Artzi: »Größere als ich haben dich schon beweint…« (Grabrede für Jitzhak Rabin, zitiert nach: http://www.zwst-hadracha.de/documents/491_noa%20ben%20artzi.doc)

Anmerkung des Verlages:

Wir danken den Verlagen und Rechteinhabern für die Erteilung der Abdruckgenehmigungen. Bei einigen Texten war es trotz gründlicher Recherchen nicht möglich, die Inhaber der Rechte ausfindig zu machen. Honoraransprüche bleiben bestehen.

Bücher, die begleiten

Uwe Wolff
Breit aus die Flügel beide
Von den sieben Engeln des Lebens
Band 5656
Spuren der Engel – Uwe Wolff geht diesen Spuren nach, in Zeugnissen von Männern und Frauen, bei gebildeten und einfachen Menschen. Die Begegnung öffnet den Himmel – und erschließt einen neuen Blick auf uns selbst.

Anselm Grün
50 Engel für das Jahr
Ein Inspirationsbuch
Band 4902
Die 50 Engel des Jahres sind inspirierende und diskrete Begleiter des Alltags. Ein „himmlisches" Buch, zum Schmökern und Verschenken.

Anselm Grün
50 Engel für die Seele
Band 5277
Anselm Grün ermutigt auf wohltuend vertraute und inspirierende Weise, sich auf die Kräfte einzulassen, die unser Leben beflügeln können.

Anselm Grün
Das kleine Buch der Engel
Wünsche, die von Herzen kommen
Band 7034
Anselm Grün öffnet die Herzen für eine andere, tiefere Wirklichkeit, die Erfahrung der Engel. Ein Buch, das die Seele zum Klingen bringt, voll spiritueller Energie, belebend und inspirierend.

Ingrid Riedel
Engel der Wandlung
Die Engelbilder Paul Klees
Band 5452
Paul Klees Engel – Symbole der möglichen Wandlung in eine heitere Leichtigkeit hinein. Ingrid Riedels meditative Texte erschließen ihren Inhalt und öffnen neue Horizonte. Mit 49 s/w Abbildungen.

HERDER spektrum